DEN BÄSTA BAGEL-KOKBOKEN

En omfattande guide för att göra och njuta av bagels hemma

Hanna Löfgren

upphovsrätt Material©202 3

Allt Rättigheter Reserverad

Nej del av detta bok Maj vara Begagnade eller överförs i några form eller förbi några betyder utan de rätt skriven samtycke av de utgivare och upphovsrätt ägare, bortsett från för kort citat Begagnade i a recension. Detta bok skall inte vara anses vara a ersättning för medicinsk, Rättslig, eller Övrig professionell råd.

INNEHÅLLSFÖRTECKNING

TABELL AV INNEHÅLL 3
INLEDNING 7
GRUNDRECEPT 8
1. Allt bagelkrydda 9
2. Vanliga bagels 11

FRUKT BAGELS 14
3. Blåbärsbagels 15
4. Jordgubbsgräddostbagels 18
5. Ananas Coconut Bagels 20
6. Hallonmandelbagels 22
7. Mango Lime Bagels 24
8. Körsbärschokladbagels 26
9. Peach Ginger Bagels 28
10. Bagels med citronvallmofrön 30
11. Äppelkanelbagels 32
12. Blandade bärbagels 34

OSTLIGA BAGELS 36
13. Sharp Cheddar Bagels 37
14. Ost och Jalapeño Bagels 40
15. Asiago Bagels 43
16. Vitlök Parmesan Bagels 45
17. Mozzarella och soltorkade tomatbagels 47
18. Gouda och lök bagels 49
19. Feta- och spenatbagels 51
20. Blåmögelost och valnötsbagels 53
21. Pepper Jack och Green Chile Bagels 55
22. Swiss and Mushroom Bagels 57
23. Cheddar och Bacon Bagels 59

KRYDDA BAGELS 61
24. Kanel russin bagels 62
25. Kanel French Toast Bagels 65
26. Pumpkin Spice Bagels 68
27. Sriracha Bagels 71
28. Spicy Everything Bagels 73
29. Chipotle Bagels 75

30. Habanero Pepper Bagels 77
31. Cajun Bagels 79
32. Ghost Pepper Bagels 81
33. Thai Chili Bagels 83
34. Serrano Pepper och Pepper Jack Bagels 85
35. Röd paprika och fetabagels 87

SEEDY BAGELS 89

36. Vallmofröäggbagels 90
37. Allt bagels 93
38. Sesambagels 95
39. Flerkornsbagels 97
40. Chiafröbagels 99
41. Solrosfröbagels 101
42. Dinkelsurdegsvallmobagels 103
43. Linfröbagels 105
44. Pumpafröbagels 107
45. Quinoa Bagels 109
46. Hampfröbagels 111

VEGGIE BAGELS 113

47. Vitlöksbagels 114
48. Hemgjorda lökbagels 116
49. Jalapeno Cheddar Bagels 118
50. Soltorkade tomater och basilikabagels 121
51. Bagels spenat och fetaost 124

NÖTTYGA BAGELS 127

52. Lönnvalnötsbagels 128
53. Valnötsrussinbagels 131
54. Mandelbagels 133
55. Pecan Maple Bagels 135
56. Hasselnötschokladchipsbagels 137
57. Cashew Kanel Bagels 139

CHOKLAD BAGELS 141

58. Chocolate Chip Bagels 142
59. Dubbla chokladbagels 144
60. Mörk choklad Coconut Bagels 146
61. Nutella Bagels 148
62. Hershey's Bagels 150
63. Cadbury Bagel 152

RYE BAGELS 154

64. Fänkålsfrörågbagels 155
65. Rågsurdegsbagels 157
66. Råg och fullkornsbagels 159
67. Råg och Cheddar Bagels 161
68. Råg- och blåbärsbagels 163
69. Slow-Rise Kummin Råg Bagels 165
70. Pumpernickel Bagels 168

FULVETE BAGELS **171**
71. Basic Wheat Bagels 172
72. Honungssesamvetebagels 174
73. Soltorkade tomater och basilika bagels 176
74. Allt fullkornsbagels 178
75. Solrosfrön fullkornsbagels 180
76. Jalapeno Cheddar Helvete Bagels 182
77. Tranbärsapelsin fullkornsbagels 184
78. Morot sesam bagels 186

REGIONALA KLASSIKER **189**
79. Brooklyn bagels 190
80. Kanadensiska bagels 192
81. Israeliska bagels 194
82. New York-stil bagels 196
83. Texas-stil bagels 199
84. London-stil Bagel 201
85. Bagel i fransk stil 203
86. Bagel i mexikansk stil 205
146 i japansk stil   207

INTRODUKTION

Välkommen till bagels läckra värld! Oavsett om du föredrar dem enkla eller fyllda med dina favoritpålägg är bagels en mångsidig och tillfredsställande godbit som kan avnjutas när som helst på dagen. I den här kokboken kommer vi att utforska en mängd olika bagelrecept som är lätta att göra hemma, så att du kan njuta av nybakade bagels när stämningen slår till. Från klassiska bagels i New York-stil till salta och söta varianter, här finns något för alla. Så, ta på dig ditt förkläde och gör dig redo att baka upp en storm!

GRUNDRECEPT

1.Allt bagelkrydda

INGREDIENSER:
- 1 tsk sesamfrön
- 1 tsk vallmofrön
- 1 tsk torkad finhackad vitlök
- 1 tsk torkade lökflingor
- 1 tsk kosher salt

INSTRUKTIONER:
a) Blanda alla ingredienser i en skål.
b) Kryddor kan förvaras i en lufttät behållare i upp till 3 månader.

2.Vanliga bagels

INGREDIENSER:
- 2 koppar aktiv starter
- 2 ägg, vispade
- ½ kopp mjölk
- 2 matskedar olja
- 4 matskedar strösocker, delat
- 1 tsk salt
- 3 koppar oblekt universalmjöl

INSTRUKTIONER:

a) Häll eller ös förrätten i en stor mixerskål. Tillsätt ägg, mjölk, olja, 2 matskedar socker och salt och blanda. Tillsätt mjölet, lite i taget, och blanda för hand. När degen blivit för styv för att fortsätta röra för hand, vänd upp degen på en mjölad arbetsyta och knåda in det återstående mjölet tills degen är slät och satinig (ca 8 minuter).

b) Du kan använda ytterligare mjöl om det behövs för att degen inte ska fastna men försök att använda så lite extra mjöl som möjligt. Degen är väldigt styv, så du kan använda en stående mixer om du har en; knåda med degkroken i 5 till 7 minuter.

c) Lägg degen i en ren behållare eller stor blandningsskål, täck den med plastfolie och låt den jäsa i rumstemperatur i 8 till 12 timmar eller över natten.

d) Ta försiktigt ut degen ur bunken på en mjölad arbetsyta. Dela degen i 12 till 15 lika stora bitar. Gör en boll med händerna och rulla sedan bollen till ett 6 tum långt rep. För ihop ändarna på degrepet till en cirkel (som en munk) och nyp ihop ändarna. Lägg ut dem på arbetsytan eller en bit bakplåtspapper. Täck med en kökshandduk och låt bagelsna jäsa i rumstemperatur i 1 till 2 timmar eller tills de är lätt puffade.

e) Värm ugnen till 425°.

f) Koka upp 4 liter vatten och tillsätt de återstående 2 msk socker. Släpp bagelsna i det kokande vattnet, var noga med att inte tränga ihop dem i grytan. När de stiger upp till ytan, ta bort dem med en hålslev, låt dem rinna av på en hushållshandduk (eller så kan du använda hushållspapper) och lägg dem sedan på en plåt som har klätts med smord bakplåtspapper eller en bakmatta av silikon .

g) Sänk ugnen till 375° och ställ in bagelsna i ugnen för att grädda i 25 till 30 minuter eller tills de är djupt gyllenbruna. Lägg dem på galler för att svalna.

FRUKTIG BAGELS

3.Blåbärsbagels

INGREDIENSER:
- 2 koppar aktiv starter
- 2 ägg, vispade
- ½ kopp mjölk
- ½ kopp blåbär, färska, torkade, frysta och tinade, eller konserverade och avrunna
- 2 matskedar olja
- 4 matskedar strösocker, delat
- 1 tsk salt
- 3 koppar oblekt universalmjöl

INSTRUKTIONER:

a) Häll eller ös förrätten i en stor mixerskål. Tillsätt ägg, mjölk, blåbär, olja, 2 matskedar socker och salt och rör om.

b) Tillsätt mjölet, lite i taget, och blanda för hand. När degen blivit för styv för att fortsätta röra för hand, vänd upp degen på en mjölad arbetsyta och knåda in det återstående mjölet tills degen är slät och satinig (ca 7 minuter). Du kan använda ytterligare mjöl om det behövs för att degen inte ska fastna men försök att använda så lite extra mjöl som möjligt. Degen är väldigt styv, så du kan använda en stående mixer om du har en; knåda med degkroken i 5 minuter.

c) Lägg degen i en ren behållare eller stor blandningsskål, täck den med plastfolie och låt den jäsa i rumstemperatur i 8 till 12 timmar eller över natten.

d) Ta försiktigt ut degen ur bunken på en mjölad arbetsyta. Dela degen i 12 till 15 lika stora bitar. Gör en boll med händerna och rulla sedan bollen till ett 6 tum långt rep. För ihop ändarna på degrepet till en cirkel (som en munk) och nyp ihop ändarna. Lägg ut dem på arbetsytan eller en bit bakplåtspapper. Täck med en kökshandduk och låt bagelsna jäsa i rumstemperatur i 1 till 2 timmar eller tills de är lätt puffade.

e) Värm ugnen till 425°.

f) Koka upp 4 liter vatten och tillsätt de återstående 2 msk socker. Släpp bagelsna i det kokande vattnet, var noga med att inte tränga ihop dem i grytan. När de stiger upp till ytan, ta bort dem med en hålslev, låt dem rinna av på en hushållshandduk (eller så kan du använda hushållspapper) och lägg dem sedan på en plåt som har klätts med smord bakplåtspapper eller en bakmatta av silikon.

g) Sänk ugnen till 375° och ställ in bagelsna i ugnen för att grädda i 25 till 30 minuter eller tills de är djupt gyllenbruna. Lägg dem på galler för att svalna.

4.Jordgubbsgräddostbagels

INGREDIENSER:

- 4 koppar universalmjöl
- 2 tsk snabbjäst
- 2 matskedar socker
- 1 tsk salt
- 1 1/2 dl varmt vatten
- 1 kopp tärnade jordgubbar
- 8 uns färskost, mjukad
- 2 matskedar strösocker

INSTRUKTIONER:

a) I en stor mixerskål, kombinera mjöl, snabbjäst, socker och salt.
b) Tillsätt det varma vattnet gradvis och blanda tills en deg bildas.
c) Knåda degen i ca 5-7 minuter tills den är slät och elastisk.
d) Lägg degen i en smord skål, täck över den och låt den jäsa i 1 timme eller tills den är dubbelt så stor.
e) Stansa ner degen och dela den i 10 lika stora delar. Forma varje del till en boll, platta till och sträck ut degen till en bagelform.
f) Värm ugnen till 400°F (200°C). Koka upp en stor kastrull med vatten och släpp försiktigt ner bagelsna och koka dem i 1-2 minuter på varje sida.
g) Ta bort de kokta bagelsna från vattnet och lägg dem på en plåt.
h) Blanda de tärnade jordgubbarna, färskosten och strösockret i en liten skål tills de är väl kombinerade.
i) Gör en liten fördjupning i mitten av varje bagel och fyll den med jordgubbsgräddostblandningen.
j) Grädda bagels i 15-20 minuter tills de är gyllenbruna. Låt dem svalna något innan servering.

5. Ananas Coconut Bagels

INGREDIENSER:

- 3 1/2 dl brödmjöl
- 2 tsk aktiv torrjäst
- 1 kopp varmt vatten
- 1/4 kopp strösocker
- 1 tsk salt
- 1 kopp krossad ananas, avrunnen
- 1/2 kopp sötad riven kokos

INSTRUKTIONER:

a) I en liten skål, lös upp jästen i varmt vatten och låt den sitta i 5 minuter tills den är skum.
b) Kombinera brödmjöl, socker och salt i en stor blandningsskål. Tillsätt jästblandningen och rör tills en deg bildas.
c) Knåda degen på mjölat underlag i ca 5-7 minuter tills den är slät och elastisk.
d) Lägg degen i en smord skål, täck över den och låt den jäsa i 1 timme eller tills den är dubbelt så stor.
e) Stansa ner degen och knåda i krossad ananas och strimlad kokos.
f) Dela degen i 10 lika stora delar och forma dem till bagels.
g) Värm ugnen till 425°F (220°C). Koka upp en stor kastrull med vatten och tillsätt en matsked socker.
h) Koka bagels i 1-2 minuter på varje sida. Ta bort dem från vattnet och lägg dem på en smord plåt.
i) Grädda bagelsna i 20-25 minuter tills de är gyllenbruna. Låt dem svalna innan servering.

6.Bagels av hallonmandel

INGREDIENSER:
- 3 dl brödmjöl
- 2 tsk snabbjäst
- 1 matsked socker
- 1 tsk salt
- 1 kopp varmt vatten
- 1/2 kopp färska hallon
- 1/2 kopp skivad mandel

INSTRUKTIONER:
a) Kombinera brödmjöl, snabbjäst, socker och salt i en stor mixerskål.
b) Tillsätt det varma vattnet gradvis och blanda tills en deg bildas.
c) Knåda degen på mjölat underlag i ca 5-7 minuter tills den är slät och elastisk.
d) Lägg degen i en smord skål, täck över den och låt den jäsa i 1 timme eller tills den är dubbelt så stor.
e) Stansa ner degen och knåda försiktigt i färska hallon och skivad mandel.
f) Dela degen i 10 lika stora delar och forma dem till bagels.
g) Värm ugnen till 425°F (220°C). Koka upp en stor kastrull med vatten och tillsätt en matsked socker.
h) Koka bagels i 1-2 minuter på varje sida. Ta bort dem från vattnet och lägg dem på en smord plåt.
i) Grädda bagelsna i 20-25 minuter tills de är gyllenbruna. Låt dem svalna innan servering.

7. Mango Lime Bagels

INGREDIENSER:
- 4 koppar universalmjöl
- 2 tsk snabbjäst
- 2 matskedar socker
- 1 tsk salt
- 1 1/2 dl varmt vatten
- 1 kopp tärnad mango
- Skal av 2 limefrukter

INSTRUKTIONER:
a) I en stor mixerskål, kombinera mjöl, snabbjäst, socker och salt.
b) Tillsätt det varma vattnet gradvis och blanda tills en deg bildas.
c) Knåda degen i ca 5-7 minuter tills den är slät och elastisk.
d) Lägg degen i en smord skål, täck över den och låt den jäsa i 1 timme eller tills den är dubbelt så stor.
e) Stansa ner degen och knåda i tärnad mango och limeskal.
f) Dela degen i 10 lika stora delar och forma dem till bagels.
g) Värm ugnen till 400°F (200°C). Koka upp en stor kastrull med vatten och släpp försiktigt ner bagelsna och koka dem i 1-2 minuter på varje sida.
h) Ta bort de kokta bagelsna från vattnet och lägg dem på en plåt.
i) Grädda bagels i 15-20 minuter tills de är gyllenbruna. Låt dem svalna något innan servering.

8.Körsbärschokladbagels

INGREDIENSER:
- 3 1/2 dl brödmjöl
- 2 tsk aktiv torrjäst
- 1 kopp varmt vatten
- 1/4 kopp strösocker
- 1 tsk salt
- 1 kopp torkade körsbär
- 1/2 kopp chokladchips

INSTRUKTIONER:
a) I en liten skål, lös upp jästen i varmt vatten och låt den sitta i 5 minuter tills den är skum.
b) Kombinera brödmjöl, socker och salt i en stor blandningsskål. Tillsätt jästblandningen och rör tills en deg bildas.
c) Knåda degen på mjölat underlag i ca 5-7 minuter tills den är slät och elastisk.
d) Lägg degen i en smord skål, täck över den och låt den jäsa i 1 timme eller tills den är dubbelt så stor.
e) Stansa ner degen och knåda i de torkade körsbären och chokladbitarna.
f) Dela degen i 10 lika stora delar och forma dem till bagels.
g) Värm ugnen till 425°F (220°C). Koka upp en stor kastrull med vatten och tillsätt en matsked socker.
h) Koka bagels i 1-2 minuter på varje sida. Ta bort dem från vattnet och lägg dem på en smord plåt.
i) Grädda bagelsna i 20-25 minuter tills de är gyllenbruna. Låt dem svalna innan servering.

9. Peach Ginger Bagels

INGREDIENSER:
- 3 dl brödmjöl
- 2 tsk snabbjäst
- 1 matsked socker
- 1 tsk salt
- 1 kopp varmt vatten
- 1 kopp tärnade persikor
- 2 msk malet kristalliserad ingefära

INSTRUKTIONER:
a) Kombinera brödmjöl, snabbjäst, socker och salt i en stor mixerskål.
b) Tillsätt det varma vattnet gradvis och blanda tills en deg bildas.
c) Knåda degen på mjölat underlag i ca 5-7 minuter tills den är slät och elastisk.
d) Lägg degen i en smord skål, täck över den och låt den jäsa i 1 timme eller tills den är dubbelt så stor.
e) Stansa ner degen och knåda försiktigt i tärnade persikor och hackad kristalliserad ingefära.
f) Dela degen i 10 lika stora delar och forma dem till bagels.
g) Värm ugnen till 425°F (220°C). Koka upp en stor kastrull med vatten och tillsätt en matsked socker.
h) Koka bagels i 1-2 minuter på varje sida. Ta bort dem från vattnet och lägg dem på en smord plåt.
i) Grädda bagelsna i 20-25 minuter tills de är gyllenbruna. Låt dem svalna innan servering.

10. Bagels med citronvallmofrön

INGREDIENSER:
- 4 koppar universalmjöl
- 2 tsk snabbjäst
- 2 matskedar socker
- 1 tsk salt
- 1 1/2 dl varmt vatten
- Skal av 2 citroner
- 2 msk vallmofrön

INSTRUKTIONER:
a) I en stor mixerskål, kombinera mjöl, snabbjäst, socker och salt.
b) Tillsätt det varma vattnet gradvis och blanda tills en deg bildas.
c) Knåda degen i ca 5-7 minuter tills den är slät och elastisk.
d) Lägg degen i en smord skål, täck över den och låt den jäsa i 1 timme eller tills den är dubbelt så stor.
e) Stansa ner degen och knåda in citronskal och vallmofrön.
f) Dela degen i 10 lika stora delar och forma dem till bagels.
g) Värm ugnen till 400°F (200°C). Koka upp en stor kastrull med vatten och släpp försiktigt ner bagelsna och koka dem i 1-2 minuter på varje sida.
h) Ta bort de kokta bagelsna från vattnet och lägg dem på en plåt.
i) Grädda bagels i 15-20 minuter tills de är gyllenbruna. Låt dem svalna något innan servering.

11. Äppelkanelbagels

INGREDIENSER:
- 3 1/2 dl brödmjöl
- 2 tsk aktiv torrjäst
- 1 kopp varmt vatten
- 1/4 kopp strösocker
- 1 tsk salt
- 1 dl rivet äpple
- 2 tsk mald kanel

INSTRUKTIONER:
a) I en liten skål, lös upp jästen i varmt vatten och låt den sitta i 5 minuter tills den är skum.
b) Kombinera brödmjöl, socker och salt i en stor blandningsskål. Tillsätt jästblandningen och rör tills en deg bildas.
c) Knåda degen på mjölat underlag i ca 5-7 minuter tills den är slät och elastisk.
d) Lägg degen i en smord skål, täck över den och låt den jäsa i 1 timme eller tills den är dubbelt så stor.
e) Stansa ner degen och knåda försiktigt i rivet äpple och mald kanel.
f) Dela degen i 10 lika stora delar och forma dem till bagels.
g) Värm ugnen till 425°F (220°C). Koka upp en stor kastrull med vatten och tillsätt en matsked socker.
h) Koka bagels i 1-2 minuter på varje sida. Ta bort dem från vattnet och lägg dem på en smord plåt.
i) Grädda bagelsna i 20-25 minuter tills de är gyllenbruna. Låt dem svalna innan servering.

12. Blandade bärbagels

INGREDIENSER:

- 4 koppar universalmjöl
- 2 tsk snabbjäst
- 2 matskedar socker
- 1 tsk salt
- 1 1/2 dl varmt vatten
- 1 dl blandade bär (jordgubbar, blåbär, hallon)
- 2 matskedar honung

INSTRUKTIONER:

a) I en stor mixerskål, kombinera mjöl, snabbjäst, socker och salt.
b) Tillsätt det varma vattnet gradvis och blanda tills en deg bildas.
c) Knåda degen i ca 5-7 minuter tills den är slät och elastisk.
d) Lägg degen i en smord skål, täck över den och låt den jäsa i 1 timme eller tills den är dubbelt så stor.
e) Stansa ner degen och knåda försiktigt i de blandade bären.
f) Dela degen i 10 lika stora delar och forma dem till bagels.
g) Värm ugnen till 400°F (200°C). Koka upp en stor kastrull med vatten och släpp försiktigt ner bagelsna och koka dem i 1-2 minuter på varje sida.
h) Ta bort de kokta bagelsna från vattnet och lägg dem på en plåt.
i) Ringla honung över bagelsna och grädda dem i 15-20 minuter tills de är gyllenbruna. Låt dem svalna något innan servering.

JUSTIGA BAGELS

13. Sharp Cheddar Bagels

INGREDIENSER:

- 2 koppar aktiv starter
- 2 ägg, vispade
- ½ kopp mjölk
- ½ kopp skarp cheddarost, strimlad, plus lite till att strö över
- 2 matskedar olja
- 3 matskedar strösocker, delat
- 1 tsk salt
- 3 koppar oblekt universalmjöl

INSTRUKTIONER:

a) Häll eller ös förrätten i en stor mixerskål. Tillsätt ägg, mjölk, cheddarost, olja, 1 msk socker och salt och rör om.

b) Tillsätt mjölet, lite i taget, och blanda för hand. När degen blivit för styv för att fortsätta röra för hand, vänd upp degen på en mjölad arbetsyta och knåda in det återstående mjölet tills degen är slät och satinig (ca 8 minuter).

c) Du kan använda ytterligare mjöl om det behövs för att degen inte ska fastna men försök att använda så lite extra mjöl som möjligt. Degen är väldigt styv, så du kan använda en stående mixer om du har en; knåda med degkroken i 5 till 7 minuter.

d) Lägg degen i en ren behållare eller stor blandningsskål, täck den med plastfolie och låt den jäsa i rumstemperatur i 8 till 12 timmar eller över natten.

e) Ta försiktigt ut degen ur bunken på en mjölad arbetsyta. Dela degen i 12 till 15 lika stora bitar. Gör en boll med händerna och rulla sedan bollen till ett 6 tum långt rep. För ihop ändarna på degrepet till en cirkel (som en munk) och nyp ihop ändarna. Lägg ut dem på arbetsytan eller en bit bakplåtspapper. Täck med en kökshandduk och låt bagelsna jäsa i rumstemperatur i 1 till 2 timmar eller tills de är lätt puffade.

f) Värm ugnen till 425°.

g) Koka upp 4 liter vatten och tillsätt de återstående 2 msk socker. Släpp bagelsna i det kokande vattnet, var noga med att inte tränga ihop dem i grytan. När de stiger upp till ytan efter cirka 30 sekunder (eller lite längre), ta bort dem med en hålslev, låt dem rinna av på en kökshandduk (eller så kan du använda hushållspapper) och lägg dem sedan på ett bakplåtspapper som klädd med smord bakplåtspapper eller en bakmatta av silikon. Strö toppen av bagels med en liten mängd riven ost om så önskas.

h) Sänk ugnen till 375° och ställ in bagelsna i ugnen för att grädda i 25 till 30 minuter eller tills de är djupt gyllenbruna. Lägg dem på galler för att svalna.

14.Ost och Jalapeño Bagels

INGREDIENSER:
- 2 koppar aktiv starter
- 2 ägg, vispade
- ½ kopp mjölk
- ⅓ kopp skarp cheddarost, strimlad, plus lite till för att strö ovanpå
- 2 matskedar olja
- 3 matskedar strösocker, delat
- 1 tsk salt
- ¼ kopp finhackad inlagd, rostad eller färsk jalapeñopeppar
- 3 koppar oblekt universalmjöl

INSTRUKTIONER:
a) Häll eller ös förrätten i en stor mixerskål. Tillsätt ägg, mjölk, ost, olja, 1 matsked socker, salt och paprika och rör om.
b) Tillsätt mjölet, lite i taget, och blanda för hand. När degen blivit för styv för att fortsätta röra för hand, vänd upp degen på en mjölad arbetsyta och knåda in det återstående mjölet tills degen är slät och satinig (ca 8 minuter). Du kan använda ytterligare mjöl om det behövs för att degen inte ska fastna men försök att använda så lite extra mjöl som möjligt. Degen är väldigt styv, så du kan använda en stående mixer om du har en; knåda med degkroken i 5 till 7 minuter.
c) Lägg degen i en ren behållare eller stor blandningsskål, täck den med plastfolie och låt den jäsa i rumstemperatur i 8 till 12 timmar eller över natten.
d) Ta försiktigt ut degen ur bunken på en mjölad arbetsyta. Dela degen i 12 till 15 lika stora bitar. Gör en boll med händerna och rulla sedan bollen till ett 6 tum långt rep. För ihop ändarna på degrepet till en cirkel (som en munk) och nyp ihop ändarna. Lägg ut dem på arbetsytan eller en bit bakplåtspapper som har pudrats lätt med mjöl. Täck med en kökshandduk och låt bagelsna jäsa i rumstemperatur i 1 till 2 timmar eller tills de är lätt puffade.
e) Värm ugnen till 425°.
f) Koka upp 4 liter vatten och tillsätt de återstående 2 msk socker. Släpp bagelsna i det kokande vattnet, var noga med att inte tränga ihop dem i grytan. När de stiger upp till ytan inom 30 sekunder eller så, ta bort dem med en hålslev, låt dem rinna av på en kökshandduk (eller så kan du använda hushållspapper) och lägg dem sedan på en bakplåt som har klätts med smord bakplåtspapper. eller en bakmatta av silikon. Strö toppen av bagels med en liten mängd riven ost om så önskas.
g) Sänk ugnen till 375° och ställ in bagelsna i ugnen för att grädda i 25 till 30 minuter eller tills de är djupt gyllenbruna. Lägg dem på galler för att svalna.

15. Asiago Bagels

INGREDIENSER:
- 4 dl brödmjöl
- 2 tsk snabbjäst
- 1 ½ tsk salt
- 1 ¼ koppar varmt vatten
- 1 matsked socker
- 1 ägg
- ½ dl riven asiagoost

INSTRUKTIONER:
a) I en stor blandningsskål, kombinera mjöl, jäst och salt.
b) Tillsätt det varma vattnet och sockret och blanda tills en deg bildas.
c) Knåda degen i 10 minuter tills den blir smidig och elastisk.
d) Vik ner den rivna asiagoosten i degen och se till att den är jämnt fördelad.
e) Täck skålen med en fuktig trasa och låt den jäsa på en varm plats i 1 timme.
f) Dela degen i 12 lika stora bitar och forma varje bit till en boll.
g) Använd fingret för att sticka ett hål i mitten av varje degboll och sträck ut degen till en bagelform.
h) Värm ugnen till 425°F (218°C).
i) Koka upp en kastrull med vatten och sänk värmen till att sjuda.
j) Vispa ägget i en liten skål och pensla äggsköljet över varje bagel.
k) Koka bagels i 1-2 minuter på varje sida.
l) Lägg bagelsna på en plåt klädd med bakplåtspapper och grädda i 20-25 minuter eller tills de är gyllenbruna.

16. Vitlök Parmesan Bagels

INGREDIENSER:

4 koppar universalmjöl
2 tsk snabbjäst
2 matskedar socker
1 tsk salt
1 1/2 dl varmt vatten
1/2 kopp riven parmesanost
4 vitlöksklyftor, hackade
2 msk smält smör

INSTRUKTIONER:

a) Blanda mjöl, snabbjäst, socker och salt i en stor skål.
b) Tillsätt det varma vattnet gradvis och blanda tills en deg bildas.
c) Knåda degen i ca 5-7 minuter tills den är slät och elastisk.
d) Lägg degen i en smord skål, täck över den och låt den jäsa i 1 timme eller tills den är dubbelt så stor.
e) Stansa ner degen och knåda i riven parmesanost och hackad vitlök.
f) Dela degen i 10 lika stora delar och forma dem till bagels.
g) Värm ugnen till 400°F (200°C). Koka upp en stor kastrull med vatten och släpp försiktigt ner bagelsna och koka dem i 1-2 minuter på varje sida.
h) Ta bort de kokta bagelsna från vattnet och lägg dem på en plåt.
i) Pensla bagelsna med smält smör och strö över ytterligare riven parmesanost på toppen.
j) Grädda bagelsna i 15-20 minuter tills de är gyllenbruna. Låt dem svalna något innan servering.

17.Mozzarella och soltorkade tomatbagels

INGREDIENSER:

3 1/2 dl brödmjöl
2 tsk aktiv torrjäst
1 kopp varmt vatten
1/4 kopp strösocker
1 tsk salt
1 1/2 dl riven mozzarellaost
1/2 dl hackade soltorkade tomater

INSTRUKTIONER:

a) I en liten skål, lös upp jästen i varmt vatten och låt den sitta i 5 minuter tills den är skum.
b) Blanda brödmjöl, socker och salt i en stor bunke. Tillsätt jästblandningen och rör tills en deg bildas.
c) Knåda degen på mjölat underlag i ca 5-7 minuter tills den är slät och elastisk.
d) Lägg degen i en smord skål, täck över den och låt den jäsa i 1 timme eller tills den är dubbelt så stor.
e) Slå ner degen och knåda försiktigt i den strimlade mozzarellaosten och hackade soltorkade tomater.
f) Dela degen i 10 lika stora delar och forma dem till bagels.
g) Värm ugnen till 425°F (220°C). Koka upp en stor kastrull med vatten och tillsätt en matsked socker.
h) Koka bagelsna i 1-2 minuter på varje sida. Ta bort dem från vattnet och lägg dem på en smord plåt.
i) Grädda bagelsna i 20-25 minuter tills de är gyllenbruna och osten smält. Låt dem svalna innan servering.

18.Gouda och lök bagels

INGREDIENSER:
4 koppar universalmjöl
2 tsk snabbjäst
2 matskedar socker
1 tsk salt
1 1/2 dl varmt vatten
1 1/2 dl strimlad Goudaost
1/2 kopp finhackad lök

INSTRUKTIONER:
a) Blanda mjöl, snabbjäst, socker och salt i en stor skål.
b) Tillsätt det varma vattnet gradvis och blanda tills en deg bildas.
c) Knåda degen i ca 5-7 minuter tills den är slät och elastisk.
d) Lägg degen i en smord skål, täck över den och låt den jäsa i 1 timme eller tills den är dubbelt så stor.
e) Slå ner degen och knåda försiktigt i den strimlade goudaosten och hackad lök.
f) Dela degen i 10 lika stora delar och forma dem till bagels.
g) Värm ugnen till 400°F (200°C). Koka upp en stor kastrull med vatten och släpp försiktigt ner bagelsna och koka dem i 1-2 minuter på varje sida.
h) Ta bort de kokta bagelsna från vattnet och lägg dem på en plåt.
i) Grädda bagelsna i 15-20 minuter tills de är gyllenbruna och osten smält. Låt dem svalna något innan servering.

19.Feta och spenat bagels

INGREDIENSER:
3 1/2 dl brödmjöl
2 tsk aktiv torrjäst
1 kopp varmt vatten
1/4 kopp strösocker
1 tsk salt
1 1/2 dl smulad fetaost
1 dl hackad spenat

INSTRUKTIONER:
a) I en liten skål, lös upp jästen i varmt vatten och låt den sitta i 5 minuter tills den är skum.
b) Blanda brödmjöl, socker och salt i en stor bunke. Tillsätt jästblandningen och rör tills en deg bildas.
c) Knåda degen på mjölat underlag i ca 5-7 minuter tills den är slät och elastisk.
d) Lägg degen i en smord skål, täck över den och låt den jäsa i 1 timme eller tills den är dubbelt så stor.
e) Slå ner degen och knåda försiktigt i den smulade fetaosten och hackad spenat.
f) Dela degen i 10 lika stora delar och forma dem till bagels.
g) Värm ugnen till 425°F (220°C). Koka upp en stor kastrull med vatten och tillsätt en matsked socker.
h) Koka bagelsna i 1-2 minuter på varje sida. Ta bort dem från vattnet och lägg dem på en smord plåt.
i) Grädda bagelsna i 20-25 minuter tills de är gyllenbruna och osten smält. Låt dem svalna innan servering.

20.Blåmögelost och valnötsbagels

INGREDIENSER:
4 koppar universalmjöl
2 tsk snabbjäst
2 matskedar socker
1 tsk salt
1 1/2 dl varmt vatten
1 1/2 dl smulad ädelost
3/4 kopp hackade valnötter

INSTRUKTIONER:
a) Blanda mjöl, snabbjäst, socker och salt i en stor skål.
b) Tillsätt det varma vattnet gradvis och blanda tills en deg bildas.
c) Knåda degen i ca 5-7 minuter tills den är slät och elastisk.
d) Lägg degen i en smord skål, täck över den och låt den jäsa i 1 timme eller tills den är dubbelt så stor.
e) Slå ner degen och knåda försiktigt i den smulade ädelosten och hackade valnötterna.
f) Dela degen i 10 lika stora delar och forma dem till bagels.
g) Värm ugnen till 400°F (200°C). Koka upp en stor kastrull med vatten och släpp försiktigt ner bagelsna och koka dem i 1-2 minuter på varje sida.
h) Ta bort de kokta bagelsna från vattnet och lägg dem på en plåt.
i) Grädda bagelsna i 15-20 minuter tills de är gyllenbruna och osten smält. Låt dem svalna något innan servering.

21.Pepper Jack och Green Chile Bagels

INGREDIENSER:
3 1/2 dl brödmjöl
2 tsk aktiv torrjäst
1 kopp varmt vatten
1/4 kopp strösocker
1 tsk salt
1 1/2 dl strimlad peppar jack ost
1/2 kopp hackad grön chili (konserverad eller färsk)

INSTRUKTIONER:
a) I en liten skål, lös upp jästen i varmt vatten och låt den sitta i 5 minuter tills den är skum.
b) Blanda brödmjöl, socker och salt i en stor bunke. Tillsätt jästblandningen och rör tills en deg bildas.
c) Knåda degen på mjölat underlag i ca 5-7 minuter tills den är slät och elastisk.
d) Lägg degen i en smord skål, täck över den och låt den jäsa i 1 timme eller tills den är dubbelt så stor.
e) Slå ner degen och knåda försiktigt i den strimlade pepparosten och hackad grön chili.
f) Dela degen i 10 lika stora delar och forma dem till bagels.
g) Värm ugnen till 425°F (220°C). Koka upp en stor kastrull med vatten och tillsätt en matsked socker.
h) Koka bagelsna i 1-2 minuter på varje sida. Ta bort dem från vattnet och lägg dem på en smord plåt.
i) Grädda bagelsna i 20-25 minuter tills de är gyllenbruna och osten smält. Låt dem svalna innan servering.

22.Swiss och Mushroom Bagels

INGREDIENSER:
4 koppar universalmjöl
2 tsk snabbjäst
2 matskedar socker
1 tsk salt
1 1/2 dl varmt vatten
1 1/2 dl riven schweizisk ost
1 dl skivad svamp, sauterad

INSTRUKTIONER:
a) Blanda mjöl, snabbjäst, socker och salt i en stor skål.
b) Tillsätt det varma vattnet gradvis och blanda tills en deg bildas.
c) Knåda degen i ca 5-7 minuter tills den är slät och elastisk.
d) Lägg degen i en smord skål, täck över den och låt den jäsa i 1 timme eller tills den är dubbelt så stor.
e) Slå ner degen och knåda försiktigt i den strimlade schweizerosten och sauterade svampen.
f) Dela degen i 10 lika stora delar och forma dem till bagels.
g) Värm ugnen till 400°F (200°C). Koka upp en stor kastrull med vatten och släpp försiktigt ner bagelsna och koka dem i 1-2 minuter på varje sida.
h) Ta bort de kokta bagelsna från vattnet och lägg dem på en plåt.
i) Grädda bagelsna i 15-20 minuter tills de är gyllenbruna och osten smält. Låt dem svalna något innan servering.

23. Cheddar och Bacon Bagels

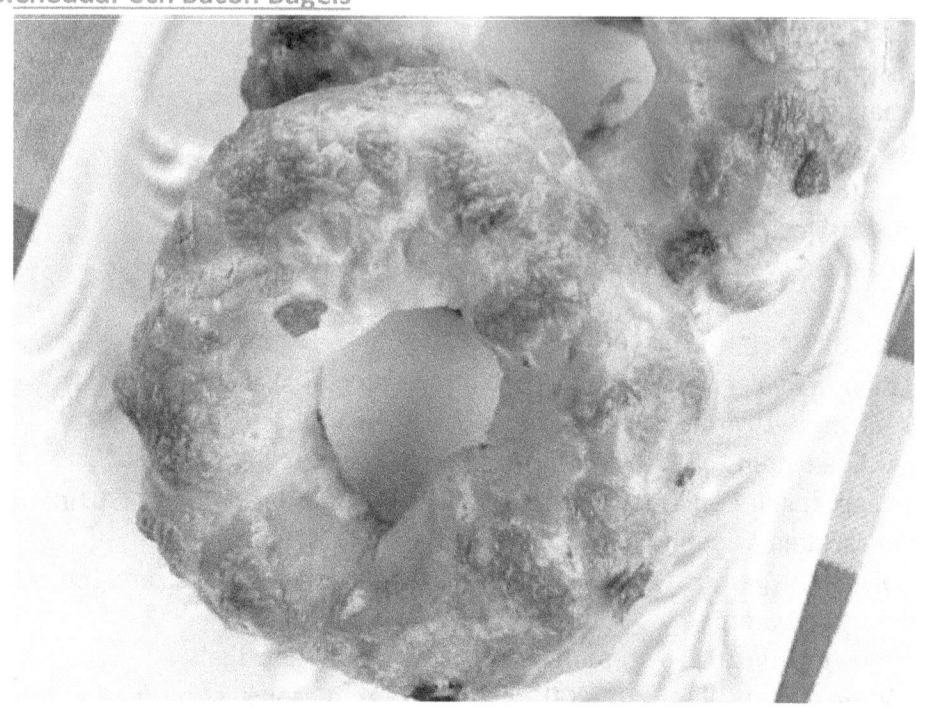

INGREDIENSER:
- 3 1/2 dl brödmjöl
- 2 tsk aktiv torrjäst
- 1 kopp varmt vatten
- 1/4 kopp strösocker
- 1 tsk salt
- 1 1/2 dl riven cheddarost
- 1/2 kopp kokt bacon, smulat

INSTRUKTIONER:
a) I en liten skål, lös upp jästen i varmt vatten och låt den sitta i 5 minuter tills den är skum.
b) Blanda brödmjöl, socker och salt i en stor bunke. Tillsätt jästblandningen och rör tills en deg bildas.
c) Knåda degen på mjölat underlag i ca 5-7 minuter tills den är slät och elastisk.
d) Lägg degen i en smord skål, täck över den och låt den jäsa i 1 timme eller tills den är dubbelt så stor.
e) Slå ner degen och knåda försiktigt i den strimlade cheddarosten och smulade baconet.
f) Dela degen i 10 lika stora delar och forma dem till bagels.
g) Värm ugnen till 425°F (220°C). Koka upp en stor kastrull med vatten och tillsätt en matsked socker.
h) Koka bagelsna i 1-2 minuter på varje sida. Ta bort dem från vattnet och lägg dem på en smord plåt.
i) Grädda bagelsna i 20-25 minuter tills de är gyllenbruna och osten smält. Låt dem svalna innan servering.

KRYDDA BAGELS

24. Kanel russin bagels

INGREDIENSER:
- 2 koppar aktiv starter
- 2 ägg, vispade
- ½ kopp mjölk
- ½ kopp russin
- 2 matskedar olja
- 4 matskedar strösocker, delat
- 1 tsk salt
- 1 tsk mald kanel
- 3 koppar oblekt universalmjöl

INSTRUKTIONER:

a) Häll eller ös förrätten i en stor mixerskål. Tillsätt ägg, mjölk, russin, olja, 2 matskedar socker, salt och kanel och rör om. Tillsätt mjölet, lite i taget, och blanda för hand. När degen blivit för styv för att fortsätta röra för hand, vänd upp degen på en mjölad arbetsyta och knåda in det återstående mjölet tills degen är slät och satinig (ca 8 minuter). Du kan använda ytterligare mjöl om det behövs för att degen inte ska fastna men försök att använda så lite extra mjöl som möjligt. Degen är väldigt styv, så du kan använda en stående mixer om du har en; knåda med degkroken i 5 till 7 minuter.

b) Lägg degen i en ren behållare eller stor blandningsskål, täck den med plastfolie och låt den jäsa i rumstemperatur i 8 till 12 timmar eller över natten.

c) Ta försiktigt ut degen ur bunken på en mjölad arbetsyta. Dela degen i 12 till 15 lika stora bitar. Gör en boll med händerna och rulla sedan bollen till ett 6 tum långt rep. För ihop ändarna på degrepet till en cirkel (som en munk) och nyp ihop ändarna. Lägg ut dem på arbetsytan eller en bit bakplåtspapper. Täck med en kökshandduk och låt bagelsna jäsa i rumstemperatur i 1 till 2 timmar eller tills de är lätt puffade.

d) Värm ugnen till 425°.

e) Koka upp 4 liter vatten och tillsätt de återstående 2 msk socker. Släpp bagelsna i det kokande vattnet, var noga med att inte tränga ihop dem i grytan. När de stiger upp till ytan, ta bort dem med en hålslev, låt dem rinna av på en hushållshandduk (eller så kan du använda hushållspapper) och lägg dem sedan på en plåt som har klätts med smord bakplåtspapper eller en bakmatta av silikon.

f) Sänk ugnen till 375° och ställ in bagelsna i ugnen för att grädda i 25 till 30 minuter eller tills de är djupt gyllenbruna. Lägg dem på galler för att svalna.

25.Kanel French Toast Bagels

INGREDIENSER:

- 4 matskedar ljust farinsocker, delat
- 2 ¼ teskedar (1 paket) Red Star aktiv torrjäst
- 1 kopp varmt vatten (ca 110 grader F)
- 3 ½ dl brödmjöl, plus mer för knådning
- 1 ½ tsk salt
- ¾ tesked kanel
- ¼ kopp lönnsirap
- 1 tsk rent vaniljextrakt
- 2 ägg, delade
- 2 msk strösocker blandat med 1 ½ tsk kanel, för topping

INSTRUKTIONER:

a) I en liten skål, kombinera 2 matskedar farinsocker med jäst. Tillsätt ½ kopp varmt vatten; rör om tills jästen löst sig. Låt blandningen stå i 10 minuter tills den skummar.

b) Under tiden, i en stor skål eller skål med en stavmixer försedd med en degkrok, rör mjöl, salt, kanel och de återstående 2 matskedarna farinsocker tills det blandas. Tillsätt jästblandningen tillsammans med ¼ kopp varmt vatten, lönnsirap, vanilj och 1 ägg. Rör om tills en deg bildas.

c) Knåda degen i en stående mixer på medelhastighet i 5 minuter, tillsätt precis tillräckligt av den återstående ¼ koppen varmt vatten tills degen är slät, elastisk och bara lite klibbig; ELLER knåda degen för hand på en lätt mjölad yta i 10 till 15 minuter, tillsätt precis tillräckligt med återstående ¼ kopp varmt vatten tills degen är slät, elastisk och bara lite klibbig. Forma degen till en boll och lägg den i en stor skål. Täck med plastfolie och låt jäsa på en varm plats i 1 till ½ timme tills den fördubblats.

d) Stansa ner jäsad deg; låt vila i 10 minuter. Fyll under tiden en stor, bred gryta till två tredjedelar med vatten. Värm upp vattnet till strax under kokning. Värm ugnen till 425 grader F och klä en bakplåt med bakplåtspapper eller en silikonmatta.

e) Dela degen i 8 lika stora bitar. Forma varje bit till en slät boll. Använd fingrarna för att sticka ett hål i mitten av varje boll, sträck ut varje hål tills det är lika stort som halva diametern på hela bageln (det kan se för stort ut först, men det kommer att krympa när du kokar/bakar det) . Placera bagels på den förberedda bakplåten. Täck med en fuktig handduk eller lätt smord plastfolie och låt vila i 10 minuter.

f) När bagelsna har vilat, använd en hålslev för att sänka ner några bagels åt gången i sjudande vatten. Låt bagels flyta till toppen. Lämna bagels i vatten i 1 till 2 minuter, vänd sedan och låt dem ligga i vattnet i ytterligare 1 till 2 minuter (ju längre de stannar i vattnet, desto segare blir de). Ta bort bagels med en hålslev och återgå till den förberedda bakplåten. Upprepa med resterande bagels.

g) Vispa det återstående ägget med 1 msk vatten, pensla sedan äggtvätt över toppen av bagelsna. Strö över rikligt med kanelsocker.

h) Grädda i 20 till 25 minuter tills bagels är gyllenbruna och genomgräddade. Ta ut ur ugnen och låt svalna helt på ett galler innan du skär upp.

26. Pumpa Spice Bagels

INGREDIENSER:
- 4 ¼ koppar brödmjöl
- 1 ½ tsk snabbjäst
- 1 matsked + ¼ kopp farinsocker
- 1 tsk salt
- 1 tsk pumpakrydda
- 1 dl pumpapuré
- 1 dl vatten, ljummet
- 1 matsked + ¼ kopp farinsocker
- Sesamfrön eller din favorit bagel topping
- 1 ägg för äggtvätt (valfritt)

INSTRUKTIONER:
a) Blanda brödmjöl, snabbjäst, 1 matsked farinsocker, salt och pumpakrydda i en stor skål, eller i skålen med din stavmixer om du använder en. Rör om för att kombinera.
b) Tillsätt pumpapuré och vatten och knåda tills degen är formad. Efter det, knåda i 5 minuter på medel-låg hastighet om du använder en stavmixer (använd degkroken för det), eller 10 minuter om du gör det för hand. Den sista degen ska vara styv men smidig.
c) Överför degen till en ren och smord skål, täck den med plastfolie och låt den vila tills den fördubblas i storlek, 1 och en halv till 2 timmar. Låt den vila på en varm plats för att påskynda processen.
d) När den har fördubblats, dela degen i 8 bitar och forma var och en till en stram boll. Börja med den första bollen du formade, gör med fingret ett hål i mitten av degen och sträck ut den. Gör det lite större än du vill att din sista bagel ska vara, eftersom den kommer att krympa under den andra vilan och kokning/gräddningsprocess. Lägg din formade bagel i en klädd bakplåt eller över en lätt mjölad yta.
e) Täck dina formade bagels med plastfolie så att de inte utvecklar hud, och låt dem vila i ytterligare 30 minuter, eller tills nästan dubbelt så stor som deras startstorlek. Bageln ska kännas lätt när den är klar.
f) Använd en kastrull eller din holländska ugn, värm upp cirka 4 koppar eller tillräckligt med vatten för att du ska koka dina bagels och blanda ¼ kopp farinsocker. Se till att vattnet kokar innan du lägger till dina bagels.
g) Värm ugnen till 450°F.
h) Med en gaffel, i en liten skål, vispa ett ägg för äggtvätt om du väljer att använda det.

i) Koka varje bagel från 45 till 50 sekunder, vänd dem sedan med hjälp av en spatel och upprepa kokningen på andra sidan. Undvik att koka längre än 1 minut på varje sida.
j) Lägg dina kokta bagels över en pappershandduk och täck dem med sesamfrön eller valfri topping. Pensla den med äggsköljningen innan du lägger till toppen om du väljer att använda den.
k) Överför dina bagels till en plåt klädd med bakplåtspapper och grädda dem vid 450 ° F i 15 till 20 minuter, eller tills de är gyllenbruna på toppen och något gyllene på botten.
l) Låt dem svalna i 15 minuter innan de skivas och serveras.

27. Sriracha Bagels

INGREDIENSER:
- 3 1/2 dl brödmjöl
- 2 tsk aktiv torrjäst
- 1 kopp varmt vatten
- 1/4 kopp strösocker
- 1 tsk salt
- 3 msk Srirachasås

INSTRUKTIONER:
a) I en liten skål, lös upp jästen i varmt vatten och låt den sitta i 5 minuter tills den är skum.
b) Blanda brödmjöl, socker och salt i en stor bunke. Tillsätt jästblandningen och Srirachasåsen. Rör om tills en deg bildas.
c) Knåda degen på mjölat underlag i ca 5-7 minuter tills den är slät och elastisk.
d) Lägg degen i en smord skål, täck över den och låt den jäsa i 1 timme eller tills den är dubbelt så stor.
e) Stansa ner degen och dela den i 10 lika stora delar. Forma varje del till en boll, platta till och sträck ut degen till en bagelform.
f) Värm ugnen till 400°F (200°C). Koka upp en stor kastrull med vatten och släpp försiktigt ner bagelsna och koka dem i 1-2 minuter på varje sida.
g) Ta bort de kokta bagelsna från vattnet och lägg dem på en plåt.
h) Grädda bagelsna i 15-20 minuter tills de är gyllenbruna och lite krispiga. Låt dem svalna något innan servering.

28. Spicy Everything Bagels

INGREDIENSER:
- 4 koppar universalmjöl
- 2 tsk snabbjäst
- 2 matskedar socker
- 1 tsk salt
- 1 1/2 dl varmt vatten
- 3 msk krossade rödpepparflingor
- 2 msk torkad finhackad vitlök
- 2 msk torkad hackad lök
- 2 msk vallmofrön
- 2 msk sesamfrön

INSTRUKTIONER:
a) Blanda mjöl, snabbjäst, socker och salt i en stor skål.
b) Tillsätt det varma vattnet gradvis och blanda tills en deg bildas.
c) Knåda degen i ca 5-7 minuter tills den är slät och elastisk.
d) Lägg degen i en smord skål, täck över den och låt den jäsa i 1 timme eller tills den är dubbelt så stor.
e) Stansa ner degen och dela den i 10 lika stora delar. Forma varje del till en boll, platta till och sträck ut degen till en bagelform.
f) I en separat skål, blanda ihop de krossade rödpepparflingorna, torkad hackad vitlök, torkad hackad lök, vallmofrön och sesamfrön.
g) Värm ugnen till 400°F (200°C). Koka upp en stor kastrull med vatten och släpp försiktigt ner bagelsna och koka dem i 1-2 minuter på varje sida.
h) Ta bort de kokta bagelsna från vattnet och doppa var och en i kryddblandningen, täck dem jämnt.
i) Lägg de belagda bagelsna på en plåt och grädda i 15-20 minuter tills de är gyllenbruna och lite krispiga. Låt dem svalna innan servering.

29. Chipotle Bagels

INGREDIENSER:
- 3 1/2 dl brödmjöl
- 2 tsk aktiv torrjäst
- 1 kopp varmt vatten
- 1/4 kopp strösocker
- 1 tsk salt
- 2 msk adobosås (från konserverad chipotle paprika i adobo)
- 1 msk chipotlepulver

INSTRUKTIONER:
a) I en liten skål, lös upp jästen i varmt vatten och låt den sitta i 5 minuter tills den är skum.
b) Blanda brödmjöl, socker och salt i en stor bunke. Tillsätt jästblandningen, adobosås och chipotlepulver. Rör om tills en deg bildas.
c) Knåda degen på mjölat underlag i ca 5-7 minuter tills den är slät och elastisk.
d) Lägg degen i en smord skål, täck över den och låt den jäsa i 1 timme eller tills den är dubbelt så stor.
e) Stansa ner degen och dela den i 10 lika stora delar. Forma varje del till en boll, platta till och sträck ut degen till en bagelform.
f) Värm ugnen till 425°F (220°C). Koka upp en stor kastrull med vatten och tillsätt en matsked socker.
g) Koka bagelsna i 1-2 minuter på varje sida. Ta bort dem från vattnet och lägg dem på en smord plåt.
h) Grädda bagelsna i 20-25 minuter tills de är gyllenbruna och lite krispiga. Låt dem svalna innan servering.

30. Habanero Pepper Bagels

INGREDIENSER:
- 4 koppar universalmjöl
- 2 tsk snabbjäst
- 2 matskedar socker
- 1 tsk salt
- 1 1/2 dl varmt vatten
- 2 habanero paprika, kärnade och finhackade

INSTRUKTIONER:
a) Blanda mjöl, snabbjäst, socker och salt i en stor skål.
b) Tillsätt det varma vattnet gradvis och blanda tills en deg bildas.
c) Knåda degen i ca 5-7 minuter tills den är slät och elastisk.
d) Lägg degen i en smord skål, täck över den och låt den jäsa i 1 timme eller tills den är dubbelt så stor.
e) Stansa ner degen och knåda försiktigt i den finhackade habaneropepparn.
f) Dela degen i 10 lika stora delar och forma dem till bagels.
g) Värm ugnen till 400°F (200°C). Koka upp en stor kastrull med vatten och släpp försiktigt ner bagelsna och koka dem i 1-2 minuter på varje sida.
h) Ta bort de kokta bagelsna från vattnet och lägg dem på en plåt.
i) Grädda bagelsna i 15-20 minuter tills de är gyllenbruna och lite krispiga. Låt dem svalna något innan servering.

31. Cajun Bagels

INGREDIENSER:
- 3 1/2 dl brödmjöl
- 2 tsk aktiv torrjäst
- 1 kopp varmt vatten
- 1/4 kopp strösocker
- 1 tsk salt
- 1 msk Cajun-krydda

INSTRUKTIONER:
a) I en liten skål, lös upp jästen i varmt vatten och låt den sitta i 5 minuter tills den är skum.
b) Blanda brödmjöl, socker, salt och cajunkrydda i en stor bunke. Tillsätt jästblandningen och rör tills en deg bildas.
c) Knåda degen på mjölat underlag i ca 5-7 minuter tills den är slät och elastisk.
d) Lägg degen i en smord skål, täck över den och låt den jäsa i 1 timme eller tills den är dubbelt så stor.
e) Stansa ner degen och dela den i 10 lika stora delar. Forma varje del till en boll, platta till och sträck ut degen till en bagelform.
f) Värm ugnen till 425°F (220°C). Koka upp en stor kastrull med vatten och tillsätt en matsked socker.
g) Koka bagelsna i 1-2 minuter på varje sida. Ta bort dem från vattnet och lägg dem på en smord plåt.
h) Grädda bagelsna i 20-25 minuter tills de är gyllenbruna och lite krispiga. Låt dem svalna innan servering.

32. Ghost Pepper Bagels

INGREDIENSER:
- 4 koppar universalmjöl
- 2 tsk snabbjäst
- 2 matskedar socker
- 1 tsk salt
- 1 1/2 dl varmt vatten
- 1 spökpeppar, kärnad och finhackad

INSTRUKTIONER:
a) Blanda mjöl, snabbjäst, socker och salt i en stor skål.
b) Tillsätt det varma vattnet gradvis och blanda tills en deg bildas.
c) Knåda degen i ca 5-7 minuter tills den är slät och elastisk.
d) Lägg degen i en smord skål, täck över den och låt den jäsa i 1 timme eller tills den är dubbelt så stor.
e) Stansa ner degen och knåda försiktigt i den finhackade spökpepparn.
f) Dela degen i 10 lika stora delar och forma dem till bagels.
g) Värm ugnen till 400°F (200°C). Koka upp en stor kastrull med vatten och släpp försiktigt ner bagelsna och koka dem i 1-2 minuter på varje sida.
h) Ta bort de kokta bagelsna från vattnet och lägg dem på en plåt.
i) Grädda bagelsna i 15-20 minuter tills de är gyllenbruna och lite krispiga. Låt dem svalna något innan servering.

33. Thai chili bagels

INGREDIENSER:
- 3 1/2 dl brödmjöl
- 2 tsk aktiv torrjäst
- 1 kopp varmt vatten
- 1/4 kopp strösocker
- 1 tsk salt
- 3 msk thailändsk chilisås

INSTRUKTIONER:
a) I en liten skål, lös upp jästen i varmt vatten och låt den sitta i 5 minuter tills den är skum.
b) Blanda brödmjöl, socker och salt i en stor bunke. Tillsätt jästblandningen och thailändsk chilisås. Rör om tills en deg bildas.
c) Knåda degen på mjölat underlag i ca 5-7 minuter tills den är slät och elastisk.
d) Lägg degen i en smord skål, täck över den och låt den jäsa i 1 timme eller tills den är dubbelt så stor.
e) Stansa ner degen och dela den i 10 lika stora delar. Forma varje del till en boll, platta till och sträck ut degen till en bagelform.
f) Värm ugnen till 425°F (220°C). Koka upp en stor kastrull med vatten och tillsätt en matsked socker.
g) Koka bagelsna i 1-2 minuter på varje sida. Ta bort dem från vattnet och lägg dem på en smord plåt.
h) Grädda bagelsna i 20-25 minuter tills de är gyllenbruna och lite krispiga. Låt dem svalna innan servering.

34.Serrano Pepper och Pepper Jack Bagels

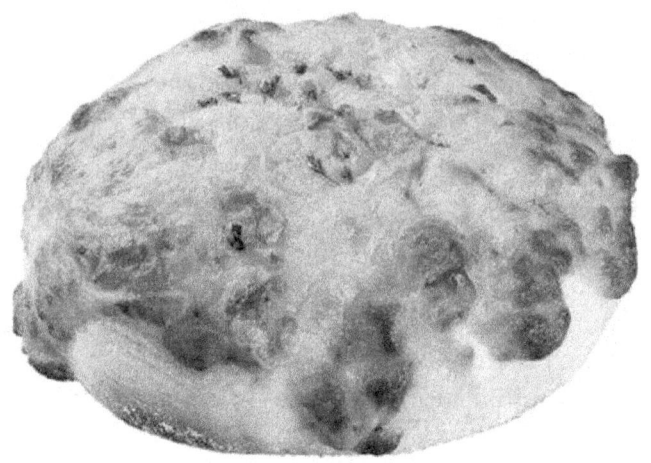

INGREDIENSER:
- 4 koppar universalmjöl
- 2 tsk snabbjäst
- 2 matskedar socker
- 1 tsk salt
- 1 1/2 dl varmt vatten
- 1 serranopeppar, kärnad och finhackad
- 1 1/2 dl strimlad peppar jack ost

INSTRUKTIONER:
a) Blanda mjöl, snabbjäst, socker och salt i en stor skål.
b) Tillsätt det varma vattnet gradvis och blanda tills en deg bildas.
c) Knåda degen i ca 5-7 minuter tills den är slät och elastisk.
d) Lägg degen i en smord skål, täck över den och låt den jäsa i 1 timme eller tills den är dubbelt så stor.
e) Stansa ner degen och knåda försiktigt i finhackad serranopeppar och strimlad pepparjacka.
f) Dela degen i 10 lika stora delar och forma dem till bagels.
g) Värm ugnen till 400°F (200°C). Koka upp en stor kastrull med vatten och släpp försiktigt ner bagelsna och koka dem i 1-2 minuter på varje sida.
h) Ta bort de kokta bagelsna från vattnet och lägg dem på en plåt.
i) Grädda bagelsna i 15-20 minuter tills de är gyllenbruna och lite krispiga. Låt dem svalna något innan servering.

35.Röd paprika och fetabagels

INGREDIENSER:

- 3 1/2 dl brödmjöl
- 2 tsk aktiv torrjäst
- 1 kopp varmt vatten
- 1/4 kopp strösocker
- 1 tsk salt
- 1 rostad röd paprika, finhackad
- 1 dl smulad fetaost

INSTRUKTIONER:

a) I en liten skål, lös upp jästen i varmt vatten och låt den sitta i 5 minuter tills den är skum.
b) Blanda brödmjöl, socker och salt i en stor bunke. Tillsätt jästblandningen och rör tills en deg bildas.
c) Knåda degen på mjölat underlag i ca 5-7 minuter tills den är slät och elastisk.
d) Lägg degen i en smord skål, täck över den och låt den jäsa i 1 timme eller tills den är dubbelt så stor.
e) Stansa ner degen och knåda försiktigt i finhackad rostad röd paprika och smulad fetaost.
f) Dela degen i 10 lika stora delar och forma dem till bagels.
g) Värm ugnen till 425°F (220°C). Koka upp en stor kastrull med vatten och tillsätt en matsked socker.
h) Koka bagelsna i 1-2 minuter på varje sida. Ta bort dem från vattnet och lägg dem på en smord plåt.
i) Grädda bagelsna i 20-25 minuter tills de är gyllenbruna och lite krispiga. Låt dem svalna innan servering.

SÖKLIGA BAGELS

6. Vallmofrön ägg bagels

INGREDIENSER:
- 500 gram mjöl
- 19 gram farinsocker (1½ matsked)
- 11 gram diamantkristall kosher salt (1½ tesked)
- 6 gram snabbjäst (2 teskedar)
- 100 gram ljummet vatten (95-110°F)
- 3 stora ägg (150 gram)
- 3 stora äggulor (54 gram)
- ⅛ kopp vallmofrön (valfritt, för topping)

INSTRUKTIONER:
a) Vispa ihop mjöl, farinsocker, salt och jäst i bunken på en stavmixer.
b) I en separat skål, vispa ihop ägg, äggulor och vatten tills det är väl blandat. Spara en äggvita för att använda som äggtvätt senare.
c) Tillsätt äggen och vattnet i mitten av de torra ingredienserna. Kör mixern med degkroken på låg-medelhastighet, skrapa ner sidorna av skålen efter behov tills en raggig, rörig deg bildas.
d) Öka sedan hastigheten till medel och knåda degen i 2-3 minuter tills den blir slät, elastisk och lätt klibbig (men inte kladdig) vid beröring. Om degen klamrar sig fast vid skålens väggar, pudra i mer mjöl. Om degen verkar torr, ringla i vatten ½ tesked i taget och låt mixern gå i minst 30 sekunder mellan tillsatserna.
e) Forma degen till en boll och låt den vila, täckt, i en lätt smord skål i 1 timme eller tills den är dubbelt så stor. När du trycker in ett finger i den ska fördjupningen fjädra tillbaka något men inte hela vägen. Om fördjupningen fylls i omedelbart och helt, låt jäsa i ytterligare 10-20 minuter.
f) Töm försiktigt ut degen i behållaren, täck sedan över och låt vila i 10 minuter.
g) Dela degen i åtta lika stora bitar, använd en köksvåg för att vara exakt.
h) För att forma degen till rundlar, platta försiktigt ut en degbit på en ren, omjölad yta. Vik upp degens kanter över mitten, nyp ihop dem i toppen. Vänd på degbollen så att du har en slät yta uppåt, och den ihopklämda "skarven" ligger på bänken.
i) Kupa försiktigt handen runt degen med din pinkie mot bänken. Skjut handen i en rak linje mot kroppen för att dra degbollen närmare dig. Detta kommer att öka ytspänningen ovanpå degen och forma den till en

oval. Vrid degen i 90° och upprepa glidrörelsen för att förvandla ovalen till en cirkel. Upprepa vid behov tills degbollen känns tät och smidig.

j) Täck bagelbollarna med en fuktig pappershandduk och låt dem vila i 10 minuter.

k) Doppa tummen i mjöl och stick igenom den nedre skarven på degen och ut på andra sidan. Skjut din andra tumme bredvid den och sträck ut degen genom att klämma och rotera den genom händerna tills mitthålet är minst lika brett som utsidan av bageln. Kläm inte för hårt eller riv inte degen; försiktigt tryck när du roterar bageln genom dina händer kommer långsamt att sträcka ut den bra.

l) Täck de formade bagelsna med en fuktig pappershandduk och låt dem vila i 10 minuter.

m) Medan bagelsna vilar, fyll en stor stekpanna till hälften med vatten och förvärm ugnen till 425°F med ett galler i mitten av ugnen. Klä en plåt med bakplåtspapper eller en silikonmatta.

n) Arbeta i omgångar, koka bagels i 1 minut per sida. Ta bort de kokta bagelsna till plåten.

o) Vispa ihop en av de överblivna äggvitorna med en skvätt vatten och en nypa salt för att göra en äggtvätt. Pensla de kokta bagelsna med äggsköljningen och strö över dina favoritpålägg.

p) Grädda bagelsna i 20 minuter. Ta ut ur ugnen och låt svalna på galler.

37.Allt vitlöksbagels

INGREDIENSER:
- 4 dl brödmjöl
- 2 tsk snabbjäst
- 2 matskedar socker
- 1 tsk salt
- 1 1/2 dl varmt vatten
- 2 msk sesamfrön
- 2 msk vallmofrön
- 2 msk torkad finhackad vitlök
- 2 msk torkad hackad lök
- 2 msk linfrön

INSTRUKTIONER:
a) Kombinera brödmjöl, snabbjäst, socker och salt i en stor mixerskål.
b) Tillsätt det varma vattnet gradvis och blanda tills en deg bildas.
c) Knåda degen i ca 5-7 minuter tills den är slät och elastisk.
d) Lägg degen i en smord skål, täck över den och låt den jäsa i 1 timme eller tills den är dubbelt så stor.
e) Stansa ner degen och dela den i 10 lika stora delar. Forma varje del till en boll, platta till och sträck ut degen till en bagelform.
f) I en separat skål, blanda ihop sesamfrön, vallmofrön, torkad hackad vitlök, torkad hackad lök och linfrö.
g) Värm ugnen till 400°F (200°C). Koka upp en stor kastrull med vatten och släpp försiktigt ner bagelsna och koka dem i 1-2 minuter på varje sida.
h) Ta bort de kokta bagelsna från vattnet och doppa var och en i fröblandningen, täck dem jämnt.
i) Lägg de belagda bagelsna på en plåt och grädda i 15-20 minuter tills de är gyllenbruna och lite krispiga. Låt dem svalna innan servering.

38. Sesambagels

INGREDIENSER:

- 4 koppar universalmjöl
- 2 tsk snabbjäst
- 2 matskedar socker
- 1 tsk salt
- 1 1/2 dl varmt vatten
- 1/4 kopp sesamfrön

INSTRUKTIONER:

a) Blanda mjöl, snabbjäst, socker och salt i en stor skål.
b) Tillsätt det varma vattnet gradvis och blanda tills en deg bildas.
c) Knåda degen i ca 5-7 minuter tills den är slät och elastisk.
d) Lägg degen i en smord skål, täck över den och låt den jäsa i 1 timme eller tills den är dubbelt så stor.
e) Stansa ner degen och dela den i 10 lika stora delar. Forma varje del till en boll, platta till och sträck ut degen till en bagelform.
f) Värm ugnen till 400°F (200°C). Koka upp en stor kastrull med vatten och släpp försiktigt ner bagelsna och koka dem i 1-2 minuter på varje sida.
g) Ta bort de kokta bagelsna från vattnet och lägg dem på en plåt.
h) Strö sesamfröna ovanpå bagelsna och tryck dem lätt för att fästa.
i) Grädda bagelsna i 15-20 minuter tills de är gyllenbruna och lite krispiga. Låt dem svalna innan servering.

39. Flerkornsbagels

INGREDIENSER:

- 4 dl fullkornsmjöl
- 2 tsk snabbjäst
- 2 matskedar honung
- 1 tsk salt
- 1 1/2 dl varmt vatten
- 1/4 kopp linfrön
- 1/4 kopp solrosfrön
- 1/4 kopp pumpafrön
- 1/4 kopp havregryn

INSTRUKTIONER:

a) Kombinera hela vetemjölet, snabbjäst, honung och salt i en stor mixerskål.
b) Tillsätt det varma vattnet gradvis och blanda tills en deg bildas.
c) Knåda degen i ca 5-7 minuter tills den är slät och elastisk.
d) Lägg degen i en smord skål, täck över den och låt den jäsa i 1 timme eller tills den är dubbelt så stor.
e) Slå ner degen och knåda försiktigt in linfrön, solrosfrön, pumpafrön och havregryn.
f) Dela degen i 10 lika stora delar och forma dem till bagels.
g) Värm ugnen till 400°F (200°C). Koka upp en stor kastrull med vatten och släpp försiktigt ner bagelsna och koka dem i 1-2 minuter på varje sida.
h) Ta bort de kokta bagelsna från vattnet och lägg dem på en plåt.
i) Grädda bagelsna i 15-20 minuter tills de är gyllenbruna och lite krispiga. Låt dem svalna innan servering.

40. Chiafröbagels

INGREDIENSER:

- 3 1/2 dl brödmjöl
- 2 tsk aktiv torrjäst
- 1 kopp varmt vatten
- 1/4 kopp strösocker
- 1 tsk salt
- 1/4 kopp chiafrön

INSTRUKTIONER:

a) I en liten skål, lös upp jästen i varmt vatten och låt den sitta i 5 minuter tills den är skum.
b) Blanda brödmjöl, socker och salt i en stor bunke. Tillsätt jästblandningen och rör tills en deg bildas.
c) Knåda degen på mjölat underlag i ca 5-7 minuter tills den är slät och elastisk.
d) Lägg degen i en smord skål, täck över den och låt den jäsa i 1 timme eller tills den är dubbelt så stor.
e) Slå ner degen och knåda försiktigt in chiafröna.
f) Dela degen i 10 lika stora delar och forma dem till bagels.
g) Värm ugnen till 425°F (220°C). Koka upp en stor kastrull med vatten och tillsätt en matsked socker.
h) Koka bagelsna i 1-2 minuter på varje sida. Ta bort dem från vattnet och lägg dem på en smord plåt.
i) Grädda bagelsna i 20-25 minuter tills de är gyllenbruna och lite krispiga. Låt dem svalna innan servering.

41.Bagels av solrosfrön

INGREDIENSER:
- 4 koppar universalmjöl
- 2 tsk snabbjäst
- 2 matskedar socker
- 1 tsk salt
- 1 1/2 dl varmt vatten
- 1/2 kopp solrosfrön

INSTRUKTIONER:
a) Blanda mjöl, snabbjäst, socker och salt i en stor skål.
b) Tillsätt det varma vattnet gradvis och blanda tills en deg bildas.
c) Knåda degen i ca 5-7 minuter tills den är slät och elastisk.
d) Lägg degen i en smord skål, täck över den och låt den jäsa i 1 timme eller tills den är dubbelt så stor.
e) Stansa ner degen och knåda försiktigt in solrosfröna.
f) Dela degen i 10 lika stora delar och forma dem till bagels.
g) Värm ugnen till 400°F (200°C). Koka upp en stor kastrull med vatten och släpp försiktigt ner bagelsna och koka dem i 1-2 minuter på varje sida.
h) Ta bort de kokta bagelsna från vattnet och lägg dem på en plåt.
i) Grädda bagelsna i 15-20 minuter tills de är gyllenbruna och lite krispiga. Låt dem svalna innan servering.

42. Dinkelsurdegsvallmobagels

INGREDIENSER:
- 500g dinkelmjöl
- 350 g vatten
- 100g surdegsförrätt
- 10 g salt
- 1 matsked honung
- 1 ägg, uppvispat
- Vallmofrön

INSTRUKTIONER:

a) Kombinera dinkelmjölet och vattnet i en stor mixerskål. Blanda tills du har en ruggig deg.

b) Tillsätt surdegsstarten, salt och honung i skålen. Blanda allt tills det bildar en sammanhängande deg.

c) Vänd ut degen på en mjölad yta och knåda i ca 10 minuter. Du ska ha en smidig, elastisk deg.

d) Lägg degen i en smord skål och täck den med plastfolie eller en kökshandduk. Låt den jäsa i rumstemperatur i ca 6-8 timmar, eller tills den har dubblerats i storlek.

e) Värm ugnen till 450°F (230°C).

f) När degen har jäst, vänd ut den på mjölad yta och dela den i 8-10 lika stora bitar.

g) Rulla varje bit till en boll och använd sedan tummen för att sticka ett hål genom mitten. Sträck ut hålet tills det är cirka 1-2 tum i diameter.

h) Lägg bagelsna på en plåt klädd med bakplåtspapper. Pensla toppen av bagels med uppvispat ägg och strö över vallmofrön.

i) Grädda i 20-25 minuter, eller tills bagelsna är gyllenbruna och genomstekta.

j) Ta ut bagelsna från ugnen och låt dem svalna på galler i minst 30 minuter innan de skivas och serveras.

43. Linfröbagels

INGREDIENSER:
- 3 1/2 dl brödmjöl
- 2 tsk aktiv torrjäst
- 1 kopp varmt vatten
- 1/4 kopp strösocker
- 1 tsk salt
- 1/4 kopp linfrön

INSTRUKTIONER:
a) I en liten skål, lös upp jästen i varmt vatten och låt den sitta i 5 minuter tills den är skum.
b) Blanda brödmjöl, socker och salt i en stor bunke. Tillsätt jästblandningen och rör tills en deg bildas.
c) Knåda degen på mjölat underlag i ca 5-7 minuter tills den är slät och elastisk.
d) Lägg degen i en smord skål, täck över den och låt den jäsa i 1 timme eller tills den är dubbelt så stor.
e) Slå ner degen och knåda försiktigt in linfröna.
f) Dela degen i 10 lika stora delar och forma dem till bagels.
g) Värm ugnen till 425°F (220°C). Koka upp en stor kastrull med vatten och tillsätt en matsked socker.
h) Koka bagelsna i 1-2 minuter på varje sida. Ta bort dem från vattnet och lägg dem på en smord plåt.
i) Grädda bagelsna i 20-25 minuter tills de är gyllenbruna och lite krispiga. Låt dem svalna innan servering.

44.Pumpafrön bagels

INGREDIENSER:
- 4 koppar universalmjöl
- 2 tsk snabbjäst
- 2 matskedar socker
- 1 tsk salt
- 1 1/2 dl varmt vatten
- 1/2 kopp pumpafrön

INSTRUKTIONER:
a) Blanda mjöl, snabbjäst, socker och salt i en stor skål.
b) Tillsätt det varma vattnet gradvis och blanda tills en deg bildas.
c) Knåda degen i ca 5-7 minuter tills den är slät och elastisk.
d) Lägg degen i en smord skål, täck över den och låt den jäsa i 1 timme eller tills den är dubbelt så stor.
e) Slå ner degen och knåda försiktigt in pumpafröna.
f) Dela degen i 10 lika stora delar och forma dem till bagels.
g) Värm ugnen till 400°F (200°C). Koka upp en stor kastrull med vatten och släpp försiktigt ner bagelsna och koka dem i 1-2 minuter på varje sida.
h) Ta bort de kokta bagelsna från vattnet och lägg dem på en plåt.
i) Grädda bagelsna i 15-20 minuter tills de är gyllenbruna och lite krispiga. Låt dem svalna innan servering.

45. Quinoa bagels

INGREDIENSER:
- 3 1/2 dl brödmjöl
- 2 tsk aktiv torrjäst
- 1 kopp varmt vatten
- 1/4 kopp strösocker
- 1 tsk salt
- 1/4 kopp kokt quinoa

INSTRUKTIONER:
a) I en liten skål, lös upp jästen i varmt vatten och låt den sitta i 5 minuter tills den är skum.
b) Blanda brödmjöl, socker och salt i en stor bunke. Tillsätt jästblandningen och rör tills en deg bildas.
c) Knåda degen på mjölat underlag i ca 5-7 minuter tills den är slät och elastisk.
d) Lägg degen i en smord skål, täck över den och låt den jäsa i 1 timme eller tills den är dubbelt så stor.
e) Slå ner degen och knåda försiktigt i den kokta quinoan.
f) Dela degen i 10 lika stora delar och forma dem till bagels.
g) Värm ugnen till 425°F (220°C). Koka upp en stor kastrull med vatten och tillsätt en matsked socker.
h) Koka bagelsna i 1-2 minuter på varje sida. Ta bort dem från vattnet och lägg dem på en smord plåt.
i) Grädda bagelsna i 20-25 minuter tills de är gyllenbruna och lite krispiga. Låt dem svalna innan servering.

46.Hampafrön bagels

INGREDIENSER:
- 4 koppar universalmjöl
- 2 tsk snabbjäst
- 2 matskedar socker
- 1 tsk salt
- 1 1/2 dl varmt vatten
- 1/4 kopp hampafrön

INSTRUKTIONER:
a) Blanda mjöl, snabbjäst, socker och salt i en stor skål.
b) Tillsätt det varma vattnet gradvis och blanda tills en deg bildas.
c) Knåda degen i ca 5-7 minuter tills den är slät och elastisk.
d) Lägg degen i en smord skål, täck över den och låt den jäsa i 1 timme eller tills den är dubbelt så stor.
e) Slå ner degen och knåda försiktigt in hampfröna.
f) Dela degen i 10 lika stora delar och forma dem till bagels.
g) Värm ugnen till 400°F (200°C). Koka upp en stor kastrull med vatten och släpp försiktigt ner bagelsna och koka dem i 1-2 minuter på varje sida.
h) Ta bort de kokta bagelsna från vattnet och lägg dem på en plåt.
i) Grädda bagelsna i 15-20 minuter tills de är gyllenbruna och lite krispiga. Låt dem svalna innan servering.

VEGGIE BAGELS

7. Vitlöksbagels

INGREDIENSER:
- 4 dl brödmjöl
- 2 tsk snabbjäst
- 1 ½ tsk salt
- 1 ¼ koppar varmt vatten
- 1 matsked socker
- 1 ägg
- ¼ kopp torkade vitlöksflingor
- 1 tsk salt

INSTRUKTIONER:

a) I en stor blandningsskål, kombinera mjöl, jäst och salt.
b) Tillsätt det varma vattnet och sockret och blanda tills en deg bildas.
c) Knåda degen i 10 minuter tills den blir smidig och elastisk.
d) Täck skålen med en fuktig trasa och låt den jäsa på en varm plats i 1 timme.
e) Dela degen i 12 lika stora bitar och forma varje bit till en boll.
f) Använd fingret för att sticka ett hål i mitten av varje degboll och sträck ut degen till en bagelform.
g) Värm ugnen till 425°F (218°C).
h) Koka upp en kastrull med vatten och sänk värmen till att sjuda.
i) Vispa ägget i en liten skål och pensla äggsköljet över varje bagel.
j) Blanda de torkade vitlöksflingorna och saltet i en liten skål.
k) Strö blandningen över toppen av varje bagel.
l) Koka bagels i 1-2 minuter på varje sida.
m) Lägg bagelsna på en plåt klädd med bakplåtspapper och grädda i 20-25 minuter eller tills de är gyllenbruna.

48.Hemgjorda lökbagels

INGREDIENSER:
BAGELDEG:
- 1 kopp varmt vatten, ca 115 F
- 1 ½ tsk aktiv torrjäst eller ½ paket
- 1 matsked socker
- ½ matsked salt
- 1 msk lökpulver
- 2 ½ dl mjöl

ÖVRIG:
- ¼ kopp bakpulver
- Vatten för att koka
- 1-2 msk torkad hackad lök till topping

INSTRUKTIONER:
a) Blanda det varma vattnet, jästen och sockret och låt stå i 5 minuter, eller tills det skummar.
b) Kombinera salt, mjöl och lökpulver och tillsätt sedan till vatten- och jästblandningen. Blanda och justera mjöl eller vatten om det behövs för att göra en deg som bara är lite kladdig. Knåda degen tills den "trycker tillbaka", 5-10 minuter.
c) Lägg degen i en skål med minst dubbel storlek och toppa med en våt trasa. Låt degen jäsa i cirka en timme tills den har dubblerats i storlek.
d) Stansa ner degen och dela den i 6 bitar. Forma varje till en boll och stick tummen genom mitten för att göra en bagelform. Ställ bagelsna på en varm plats att jäsa i ca 15 minuter.
e) Klä en plåt med bakplåtspapper eller spraya med non-stick spray.
f) Tillsätt bakpulver och tillräckligt med vatten i en lång stekpanna eller kastrull som är tillräckligt djup för att flyta bagelsna. Koka upp.
g) Ställ in bagelsna i det kokande vattnet, 2-3 åt gången, och koka i 1-2 minuter på varje sida. Ta bort bagels med en hålslev, rinna av dem på en handduk och lägg dem på den förberedda bakplåten. Strö över torkad hackad lök. Grädda i 400F i 15-20 minuter tills de är gyllene och genomstekta.
h) Låt svalna i minst 5 minuter innan servering.

49. Jalapeno Cheddar Bagels

INGREDIENSER:
- 4 dl brödmjöl
- 2 matskedar strösocker
- 1 1/2 tsk salt
- 2 1/4 tsk snabbjäst
- 1 1/2 dl riven cheddarost
- 2 jalapenopeppar, kärnade och finhackade
- 1 1/4 koppar varmt vatten (cirka 110°F/43°C)
- 1 matsked vegetabilisk olja
- Vatten för att koka
- 2 msk honung (för kokande vatten)
- Valfria pålägg: ytterligare riven cheddarost, skivad jalapenos

INSTRUKTIONER:
I en stor blandningsskål, kombinera brödmjöl, socker, salt och snabbjäst. Rör ner den rivna cheddarosten och hackade jalapenos.

Blanda det varma vattnet och vegetabilisk olja i en separat skål. Häll de blöta ingredienserna i de torra ingredienserna och rör tills en deg bildats.

Lägg över degen till en lätt mjölad yta och knåda i ca 8-10 minuter tills degen blir smidig och elastisk.

Lägg degen i en smord skål och täck den med en ren kökshandduk. Låt den jäsa på en varm plats i ca 1 timme eller tills den har dubbelt så stor.

Värm ugnen till 425°F (220°C). Klä en plåt med bakplåtspapper eller smörj den lätt.

När degen har jäst, slå ner den för att släppa ut luften. Dela degen i 8 lika stora bitar. Forma varje bit till en boll och använd sedan fingret för att sticka ett hål i mitten. Sträck ut degen försiktigt för att skapa en bagelform. Upprepa med den återstående degen.

Koka upp en stor kastrull med vatten. Tillsätt honungen i det kokande vattnet, rör om tills det lösts upp. Släpp försiktigt ner bagelsna i det kokande vattnet, några åt gången, och koka i ca 1-2 minuter per sida.

Använd en hålslev, ta bort de kokta bagelsna från vattnet och lägg dem på den förberedda bakplåten. Om så önskas, strö lite extra strimlad cheddarost och skivade jalapenos ovanpå bagelsna.

Grädda bagelsna i den förvärmda ugnen i ca 15-20 minuter eller tills de blir gyllenbruna.

Ta ut bagelsna ur ugnen och låt dem svalna på galler innan servering.

50.Soltorkade tomater och basilika bagels

INGREDIENSER:
- 4 dl brödmjöl
- 2 matskedar strösocker
- 1 1/2 tsk salt
- 2 1/4 tsk snabbjäst
- 1/4 kopp soltorkade tomater, finhackade
- 2 msk färsk basilika, finhackad
- 1 1/4 koppar varmt vatten (cirka 110°F/43°C)
- 1 matsked vegetabilisk olja
- Vatten för att koka
- 2 msk honung (för kokande vatten)
- Valfritt pålägg: ytterligare hackade soltorkade tomater, färska basilikablad

INSTRUKTIONER:
a) I en stor blandningsskål, kombinera brödmjöl, socker, salt och snabbjäst. Rör ner de hackade soltorkade tomaterna och färsk basilika.
b) Blanda det varma vattnet och vegetabilisk olja i en separat skål. Häll de blöta ingredienserna i de torra ingredienserna och rör tills en deg bildats.
c) Lägg över degen till en lätt mjölad yta och knåda i ca 8-10 minuter tills degen blir smidig och elastisk.
d) Lägg degen i en smord skål och täck den med en ren kökshandduk. Låt den jäsa på en varm plats i ca 1 timme eller tills den har dubbelt så stor.
e) Värm ugnen till 425°F (220°C). Klä en plåt med bakplåtspapper eller smörj den lätt.
f) När degen har jäst, slå ner den för att släppa ut luften. Dela degen i 8 lika stora bitar. Forma varje bit till en boll och använd sedan fingret för att sticka ett hål i mitten. Sträck ut degen försiktigt för att skapa en bagelform. Upprepa med den återstående degen.
g) Koka upp en stor kastrull med vatten. Tillsätt honungen i det kokande vattnet, rör om tills det lösts upp. Släpp försiktigt ner bagelsna i det kokande vattnet, några åt gången, och koka i ca 1-2 minuter per sida.
h) Använd en hålslev, ta bort de kokta bagelsna från vattnet och lägg dem på den förberedda bakplåten. Om så önskas, strö över några extra hackade soltorkade tomater och färska basilikablad ovanpå bagelsna.
i) Grädda bagelsna i den förvärmda ugnen i ca 15-20 minuter eller tills de blir gyllenbruna.
j) Ta ut bagelsna ur ugnen och låt dem svalna på galler innan servering.

51.Spenat och fetabagels

INGREDIENSER:
- 4 dl brödmjöl
- 2 matskedar strösocker
- 1 1/2 tsk salt
- 2 1/4 tsk snabbjäst
- 1 dl fryst spenat, tinad och pressad torr
- 3/4 kopp smulad fetaost
- 1 1/4 koppar varmt vatten (cirka 110°F/43°C)
- 1 matsked vegetabilisk olja
- Vatten för att koka
- 2 msk honung (för kokande vatten)
- Valfritt pålägg: ytterligare smulad fetaost, spenatblad

INSTRUKTIONER:
a) I en stor blandningsskål, kombinera brödmjöl, socker, salt och snabbjäst. Rör ner den tinade och pressade torra spenaten och smulad fetaost.
b) Blanda det varma vattnet och vegetabilisk olja i en separat skål. Häll de blöta ingredienserna i de torra ingredienserna och rör tills en deg bildats.
c) Lägg över degen till en lätt mjölad yta och knåda i ca 8-10 minuter tills degen blir smidig och elastisk.
d) Lägg degen i en smord skål och täck den med en ren kökshandduk. Låt den jäsa på en varm plats i ca 1 timme eller tills den har dubbelt så stor.
e) Värm ugnen till 425°F (220°C). Klä en plåt med bakplåtspapper eller smörj den lätt.
f) När degen har jäst, slå ner den för att släppa ut luften. Dela degen i 8 lika stora bitar. Forma varje bit till en boll och använd sedan fingret för att sticka ett hål i mitten. Sträck ut degen försiktigt för att skapa en bagelform. Upprepa med den återstående degen.
g) Koka upp en stor kastrull med vatten. Tillsätt honungen i det kokande vattnet, rör om tills det lösts upp. Släpp försiktigt ner bagelsna i det kokande vattnet, några åt gången, och koka i ca 1-2 minuter per sida.
h) Använd en hålslev, ta bort de kokta bagelsna från vattnet och lägg dem på den förberedda bakplåten. Om så önskas, strö lite extra smulad fetaost och spenatblad ovanpå bagelsna.
i) Grädda bagelsna i den förvärmda ugnen i ca 15-20 minuter eller tills de blir gyllenbruna.
j) Ta ut bagelsna ur ugnen och låt dem svalna på galler innan servering.

NÖTTYGA BAGELS

52. Lönn valnöt bagels

INGREDIENSER:
4 dl brödmjöl
2 matskedar strösocker
1 1/2 tsk salt
2 1/4 tsk snabbjäst
1/2 kopp hackade valnötter
1/4 kopp ren lönnsirap
1 1/4 koppar varmt vatten (cirka 110°F/43°C)
1 matsked vegetabilisk olja
Vatten för att koka
2 msk honung (för kokande vatten)
Valfritt pålägg: ytterligare hackade valnötter

INSTRUKTIONER:

I en stor blandningsskål, kombinera brödmjöl, socker, salt och snabbjäst. Rör ner de hackade valnötterna.

Blanda det varma vattnet, ren lönnsirap och vegetabilisk olja i en separat skål. Häll de blöta ingredienserna i de torra ingredienserna och rör tills en deg bildats.

Lägg över degen till en lätt mjölad yta och knåda i ca 8-10 minuter tills degen blir smidig och elastisk.

Lägg degen i en smord skål och täck den med en ren kökshandduk. Låt den jäsa på en varm plats i ca 1 timme eller tills den har dubbelt så stor.

Värm ugnen till 425°F (220°C). Klä en plåt med bakplåtspapper eller smörj den lätt.

När degen har jäst, slå ner den för att släppa ut luften. Dela degen i 8 lika stora bitar. Forma varje bit till en boll och använd sedan fingret för att sticka ett hål i mitten. Sträck ut degen försiktigt för att skapa en bagelform. Upprepa med den återstående degen.

Koka upp en stor kastrull med vatten. Tillsätt honungen i det kokande vattnet, rör om tills det lösts upp. Släpp försiktigt ner bagelsna i det kokande vattnet, några åt gången, och koka i ca 1-2 minuter per sida.

Använd en hålslev, ta bort de kokta bagelsna från vattnet och lägg dem på den förberedda bakplåten. Om så önskas, strö några extra hackade valnötter ovanpå bagelsna.

Grädda bagelsna i den förvärmda ugnen i ca 15-20 minuter eller tills de blir gyllenbruna.

Ta ut bagelsna ur ugnen och låt dem svalna på galler innan servering.

53.Bagels med russin av valnöt

INGREDIENSER:
4 dl brödmjöl
2 tsk snabbjäst
2 matskedar socker
1 tsk salt
1 1/2 dl varmt vatten
1 dl hackade valnötter
1/2 kopp russin

INSTRUKTIONER:
a) Kombinera brödmjöl, snabbjäst, socker och salt i en stor mixerskål.
b) Tillsätt det varma vattnet gradvis och blanda tills en deg bildas.
c) Knåda degen i ca 5-7 minuter tills den är slät och elastisk.
d) Tillsätt de hackade valnötterna och russinen i degen och knåda tills de är jämnt fördelade.
e) Lägg degen i en smord skål, täck över den och låt den jäsa i 1 timme eller tills den är dubbelt så stor.
f) Stansa ner degen och dela den i 10 lika stora delar. Forma varje del till en boll, platta till och sträck ut degen till en bagelform.
g) Värm ugnen till 400°F (200°C). Koka upp en stor kastrull med vatten och släpp försiktigt ner bagelsna och koka dem i 1-2 minuter på varje sida.
h) Ta bort de kokta bagelsna från vattnet och lägg dem på en plåt.
i) Grädda bagelsna i 20-25 minuter tills de är gyllenbruna och lite krispiga. Låt dem svalna innan servering.

54. Mandelbagels

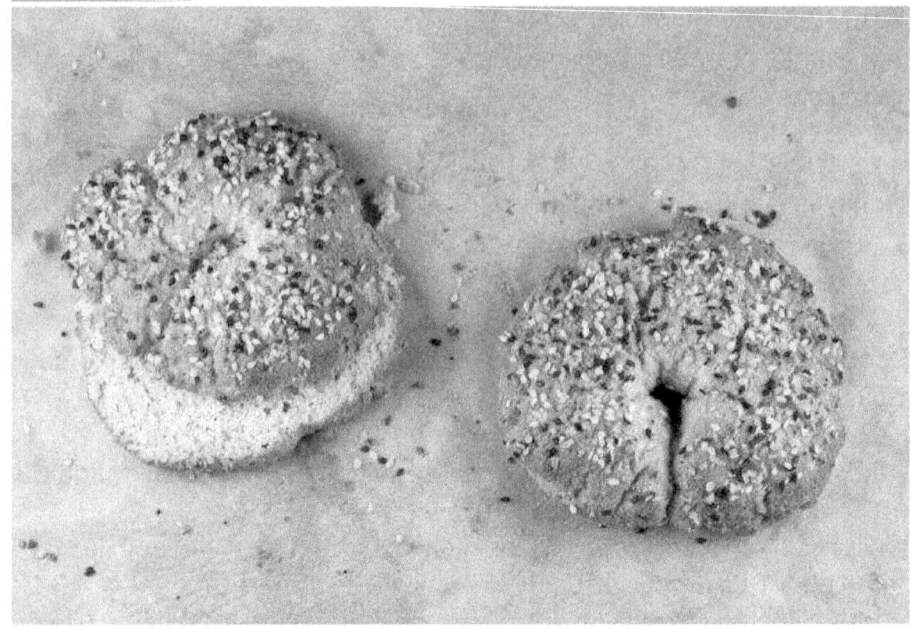

INGREDIENSER:
3 1/2 dl brödmjöl
2 tsk aktiv torrjäst
1 kopp varmt vatten
1/4 kopp strösocker
1 tsk salt
1/2 kopp hackad mandel

INSTRUKTIONER:
a) I en liten skål, lös upp jästen i varmt vatten och låt den sitta i 5 minuter tills den är skum.
b) Blanda brödmjöl, socker och salt i en stor bunke. Tillsätt jästblandningen och rör tills en deg bildas.
c) Knåda degen på mjölat underlag i ca 5-7 minuter tills den är slät och elastisk.
d) Tillsätt den hackade mandeln i degen och knåda tills de är jämnt fördelade.
e) Lägg degen i en smord skål, täck över den och låt den jäsa i 1 timme eller tills den är dubbelt så stor.
f) Stansa ner degen och dela den i 10 lika stora delar. Forma varje del till en boll, platta till och sträck ut degen till en bagelform.
g) Värm ugnen till 425°F (220°C). Koka upp en stor kastrull med vatten och tillsätt en matsked socker.
h) Koka bagelsna i 1-2 minuter på varje sida. Ta bort dem från vattnet och lägg dem på en smord plåt.
i) Grädda bagelsna i 20-25 minuter tills de är gyllenbruna och lite krispiga. Låt dem svalna innan servering.

55. Pecan Maple Bagels

INGREDIENSER:

- 4 koppar universalmjöl
- 2 tsk snabbjäst
- 2 matskedar socker
- 1 tsk salt
- 1 1/2 dl varmt vatten
- 1/2 kopp hackade pekannötter
- 2 msk lönnsirap

INSTRUKTIONER:

a) Blanda mjöl, snabbjäst, socker och salt i en stor skål.
b) Tillsätt det varma vattnet gradvis och blanda tills en deg bildas.
c) Knåda degen i ca 5-7 minuter tills den är slät och elastisk.
d) Tillsätt de hackade pekannötterna och lönnsirapen i degen och knåda tills de är jämnt fördelade.
e) Lägg degen i en smord skål, täck över den och låt den jäsa i 1 timme eller tills den är dubbelt så stor.
f) Stansa ner degen och dela den i 10 lika stora delar. Forma varje del till en boll, platta till och sträck ut degen till en bagelform.
g) Värm ugnen till 400°F (200°C). Koka upp en stor kastrull med vatten och släpp försiktigt ner bagelsna och koka dem i 1-2 minuter på varje sida.
h) Ta bort de kokta bagelsna från vattnet och lägg dem på en plåt.
i) Grädda bagelsna i 15-20 minuter tills de är gyllenbruna och lite krispiga. Låt dem svalna innan servering.

56.Bagels med hasselnötschoklad

INGREDIENSER:

- 3 1/2 dl brödmjöl
- 2 tsk aktiv torrjäst
- 1 kopp varmt vatten
- 1/4 kopp strösocker
- 1 tsk salt
- 1/2 kopp hackade hasselnötter
- 1/2 kopp chokladchips

INSTRUKTIONER:

a) I en liten skål, lös upp jästen i varmt vatten och låt den sitta i 5 minuter tills den är skum.
b) Blanda brödmjöl, socker och salt i en stor bunke. Tillsätt jästblandningen och rör tills en deg bildas.
c) Knåda degen på mjölat underlag i ca 5-7 minuter tills den är slät och elastisk.
d) Tillsätt de hackade hasselnötterna och chokladbitarna i degen och knåda tills de är jämnt fördelade.
e) Lägg degen i en smord skål, täck över den och låt den jäsa i 1 timme eller tills den är dubbelt så stor.
f) Stansa ner degen och dela den i 10 lika stora delar. Forma varje del till en boll, platta till och sträck ut degen till en bagelform.
g) Värm ugnen till 425°F (220°C). Koka upp en stor kastrull med vatten och tillsätt en matsked socker.
h) Koka bagelsna i 1-2 minuter på varje sida. Ta bort dem från vattnet och lägg dem på en smord plåt.
i) Grädda bagelsna i 20-25 minuter tills de är gyllenbruna och lite krispiga. Låt dem svalna innan servering.

57. Cashew kanel bagels

INGREDIENSER:
- 4 koppar universalmjöl
- 2 tsk snabbjäst
- 2 matskedar socker
- 1 tsk salt
- 1 1/2 dl varmt vatten
- 1/2 dl hackade cashewnötter
- 2 msk mald kanel

INSTRUKTIONER:
a) Blanda mjöl, snabbjäst, socker och salt i en stor skål.
b) Tillsätt det varma vattnet gradvis och blanda tills en deg bildas.
c) Knåda degen i ca 5-7 minuter tills den är slät och elastisk.
d) Tillsätt de hackade cashewnötterna och malen kanel i degen och knåda tills de är jämnt fördelade.
e) Lägg degen i en smord skål, täck över den och låt den jäsa i 1 timme eller tills den är dubbelt så stor.
f) Stansa ner degen och dela den i 10 lika stora delar. Forma varje del till en boll, platta till och sträck ut degen till en bagelform.
g) Värm ugnen till 400°F (200°C). Koka upp en stor kastrull med vatten och släpp försiktigt ner bagelsna och koka dem i 1-2 minuter på varje sida.
h) Ta bort de kokta bagelsna från vattnet och lägg dem på en plåt.
i) Grädda bagelsna i 15-20 minuter tills de är gyllenbruna och lite krispiga. Låt dem svalna innan servering.

CHOKLAD BAGELS

58. Chocolate Chip Bagels

INGREDIENSER:
4 dl brödmjöl
2 matskedar strösocker
1 1/2 tsk salt
2 1/4 tsk snabbjäst
1 kopp chokladchips
1 1/4 koppar varmt vatten (cirka 110°F/43°C)
1 matsked vegetabilisk olja
Vatten för att koka
2 msk honung (för kokande vatten)
Valfria pålägg: ytterligare chokladchips

INSTRUKTIONER:
I en stor blandningsskål, kombinera brödmjöl, socker, salt och snabbjäst. Rör ner chokladbitarna.
Blanda det varma vattnet och vegetabilisk olja i en separat skål. Häll de blöta ingredienserna i de torra ingredienserna och rör tills en deg bildats.
Lägg över degen till en lätt mjölad yta och knåda i ca 8-10 minuter tills degen blir smidig och elastisk.
Lägg degen i en smord skål och täck den med en ren kökshandduk. Låt den jäsa på en varm plats i ca 1 timme eller tills den har dubbelt så stor.
Värm ugnen till 425°F (220°C). Klä en plåt med bakplåtspapper eller smörj den lätt.
När degen har jäst, slå ner den för att släppa ut luften. Dela degen i 8 lika stora bitar. Forma varje bit till en boll och använd sedan fingret för att sticka ett hål i mitten. Sträck ut degen försiktigt för att skapa en bagelform. Upprepa med den återstående degen.
Koka upp en stor kastrull med vatten. Tillsätt honungen i det kokande vattnet, rör om tills det lösts upp. Släpp försiktigt ner bagelsna i det kokande vattnet, några åt gången, och koka i ca 1-2 minuter per sida.
Använd en hålslev, ta bort de kokta bagelsna från vattnet och lägg dem på den förberedda bakplåten. Om så önskas, strö lite extra chokladflis ovanpå bagelsna.
Grädda bagelsna i den förvärmda ugnen i ca 15-20 minuter eller tills de blir gyllenbruna.
Ta ut bagelsna ur ugnen och låt dem svalna på galler innan servering.

59. Dubbla chokladbagels

INGREDIENSER:
3 1/2 dl brödmjöl
2 tsk aktiv torrjäst
1 kopp varmt vatten
1/4 kopp strösocker
1/4 kopp kakaopulver
1 tsk salt
1/2 kopp chokladchips

INSTRUKTIONER:
a) I en liten skål, lös upp jästen i varmt vatten och låt den sitta i 5 minuter tills den är skum.
b) Kombinera brödmjöl, socker, kakaopulver och salt i en stor mixerskål. Tillsätt jästblandningen och rör tills en deg bildas.
c) Knåda degen på mjölat underlag i ca 5-7 minuter tills den är slät och elastisk.
d) Tillsätt chokladbitarna i degen och knåda tills de är jämnt fördelade.
e) Lägg degen i en smord skål, täck över den och låt den jäsa i 1 timme eller tills den är dubbelt så stor.
f) Stansa ner degen och dela den i 10 lika stora delar. Forma varje del till en boll, platta till och sträck ut degen till en bagelform.
g) Värm ugnen till 425°F (220°C). Koka upp en stor kastrull med vatten och tillsätt en matsked socker.
h) Koka bagelsna i 1-2 minuter på varje sida. Ta bort dem från vattnet och lägg dem på en smord plåt.
i) Grädda bagelsna i 20-25 minuter tills de är gyllenbruna och lite krispiga. Låt dem svalna innan servering.

60.Mörk choklad kokosnötsbagels

INGREDIENSER:
4 koppar universalmjöl
2 tsk snabbjäst
2 matskedar socker
1 tsk salt
1 1/2 dl varmt vatten
1/2 kopp mörk chokladchips
1/2 dl riven kokos

INSTRUKTIONER:
a) Blanda mjöl, snabbjäst, socker och salt i en stor skål.
b) Tillsätt det varma vattnet gradvis och blanda tills en deg bildas.
c) Knåda degen i ca 5-7 minuter tills den är slät och elastisk.
d) Tillsätt mörk chokladchips och riven kokos i degen och knåda tills de är jämnt fördelade.
e) Lägg degen i en smord skål, täck över den och låt den jäsa i 1 timme eller tills den är dubbelt så stor.
f) Stansa ner degen och dela den i 10 lika stora delar. Forma varje del till en boll, platta till och sträck ut degen till en bagelform.
g) Värm ugnen till 400°F (200°C). Koka upp en stor kastrull med vatten och släpp försiktigt ner bagelsna och koka dem i 1-2 minuter på varje sida.
h) Ta bort de kokta bagelsna från vattnet och lägg dem på en plåt.
i) Grädda bagelsna i 15-20 minuter tills de är gyllenbruna och lite krispiga. Låt dem svalna innan servering.

61. Nutella Bagels

INGREDIENSER:
4 dl brödmjöl
2 tsk snabbjäst
2 matskedar socker
1 tsk salt
1 1/2 dl varmt vatten
Nutellapålägg

INSTRUKTIONER:
a) Kombinera brödmjöl, snabbjäst, socker och salt i en stor mixerskål.
b) Tillsätt det varma vattnet gradvis och blanda tills en deg bildas.
c) Knåda degen i ca 5-7 minuter tills den är slät och elastisk.
d) Dela degen i 10 lika stora delar. Ta varje portion och platta ut den till en liten cirkel.
e) Lägg en sked Nutella i mitten av varje degcirkel.
f) Vik kanterna på degen över Nutellaen, nyp ihop dem för att täta den.
g) Forma den förseglade degen till en boll och platta till den till en bagelform.
h) Värm ugnen till 400°F (200°C). Lägg bagelsna på en smord plåt.
i) Grädda bagelsna i 20-25 minuter tills de är gyllenbruna och genomstekta. Låt dem svalna innan servering.

62.Hersheys bagels

INGREDIENSER:
- 4 koppar universalmjöl
- 2 tsk snabbjäst
- 2 matskedar socker
- 1 tsk salt
- 1 1/2 dl varmt vatten
- Hersheys chokladkakor, delade i små bitar

INSTRUKTIONER:

a) I en stor blandningsskål, kombinera allsidigt mjöl, snabbjäst, socker och salt.

b) Tillsätt det varma vattnet gradvis och blanda tills en deg bildas.

c) Knåda degen i ca 5-7 minuter tills den är slät och elastisk.

d) Dela degen i 10 lika stora delar. Ta varje portion och forma den till en boll och platta till den till en bagelform.

e) Lägg några bitar av Hersheys choklad i mitten av varje degcirkel.

f) Vik kanterna på degen över chokladen, nyp ihop dem för att täta den.

g) Forma den förseglade degen till en boll och platta till den till en bagelform.

h) Värm ugnen till 400°F (200°C). Lägg bagelsna på en smord plåt.

i) Grädda bagelsna i 20-25 minuter tills de är gyllenbruna och genomstekta. Låt dem svalna innan servering.

63. Cadbury Bagel

INGREDIENSER:
- 4 dl brödmjöl
- 2 tsk snabbjäst
- 2 matskedar socker
- 1 tsk salt
- 1 1/2 dl varmt vatten
- Cadbury-choklad, hackad i små bitar

INSTRUKTIONER:

a) Kombinera brödmjöl, snabbjäst, socker och salt i en stor mixerskål.
b) Tillsätt det varma vattnet gradvis och blanda tills en deg bildas.
c) Knåda degen i ca 5-7 minuter tills den är slät och elastisk.
d) Dela degen i 10 lika stora delar. Ta varje portion och forma den till en boll och platta till den till en bagelform.
e) Värm ugnen till 400°F (200°C). Lägg bagelsna på en smord plåt.
f) Tryck ut några bitar hackad Cadbury-choklad i mitten av varje degcirkel och se till att de är väl fördelade.
g) Vik försiktigt kanterna på degen över chokladen, nyp ihop dem för att täta den.
h) Forma den förseglade degen till en boll och platta till den till en bagelform.
i) Grädda bagelsna i 20-25 minuter tills de är gyllenbruna och genomstekta. Låt dem svalna innan servering.

RÅG BAGELS

64.Fänkålsfrörågbagels

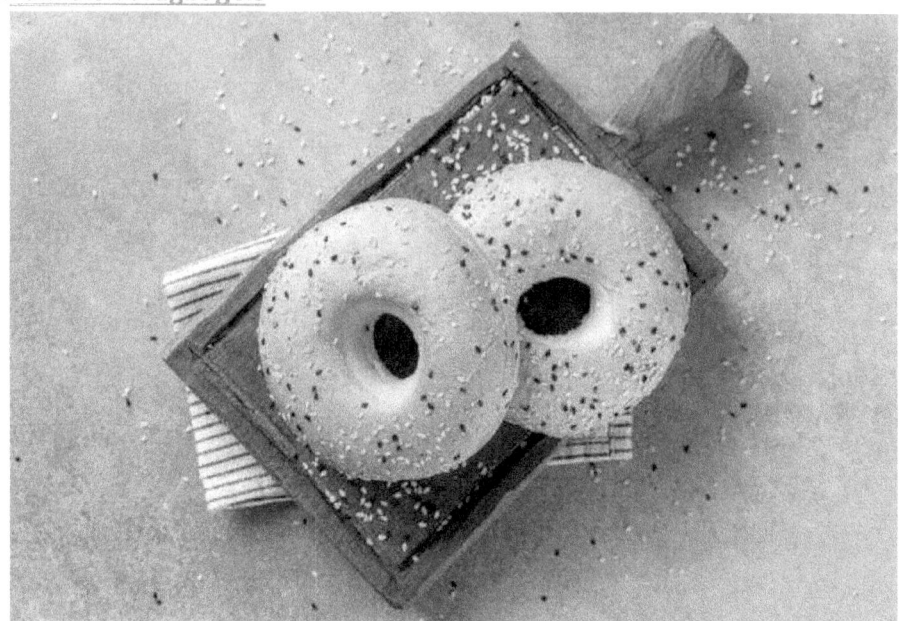

INGREDIENSER:
- 2 dl brödmjöl
- 1 dl rågmjöl
- 1 msk fänkålsfrön
- 1 matsked salt
- 1 msk aktiv torrjäst
- 1 matsked honung
- 1 ½ dl varmt vatten
- Majsmjöl för att pudra

INSTRUKTIONER:
a) Kombinera brödmjöl, rågmjöl, fänkålsfrö, salt och jäst i en stor blandningsskål.
b) Tillsätt honung och varmt vatten och rör tills en kladdig deg bildas.
c) Knåda degen på mjölat underlag i 10-15 minuter, tills den blir slät och elastisk.
d) Lägg degen i en smord skål och täck med plastfolie. Låt den jäsa på en varm plats i 1 timme.
e) Värm ugnen till 425°F (220°C) och låt en stor kastrull med vatten koka upp.
f) Dela degen i 5 lika stora bitar och forma dem till bagels. Lägg bagelsna på en plåt beströdd med majsmjöl.
g) Koka bagelsna i 2 minuter på varje sida och överför dem sedan tillbaka till bakplåten.
h) Pensla bagelsna med en äggtvätt och strö över ytterligare kumminfrön om så önskas.
i) Grädda bagelsna i 20-25 minuter, tills de är gyllenbruna och genomstekta.

65. Rågsurdegsbagels

INGREDIENSER:
- 2 dl brödmjöl
- 1 dl rågmjöl
- ½ kopp surdegsförrätt
- 1 tsk salt
- 1 tsk honung
- ½ kopp varmt vatten
- Majsmjöl för att pudra

INSTRUKTIONER:
a) I en stor mixerskål, kombinera brödmjöl, rågmjöl, salt och surdegsförrätt.
b) Tillsätt honung och varmt vatten och rör tills en kladdig deg bildas.
c) Knåda degen på mjölat underlag i 10-15 minuter, tills den blir slät och elastisk.
d) Lägg degen i en smord skål och täck med plastfolie. Låt den jäsa på en varm plats i 6-8 timmar, tills den har dubbelt så stor.
e) Värm ugnen till 425°F (220°C) och låt en stor kastrull med vatten koka upp.
f) Dela degen i 5 lika stora bitar och forma dem till bagels. Lägg bagelsna på en plåt beströdd med majsmjöl.
g) Koka bagelsna i 2 minuter på varje sida och överför dem sedan tillbaka till bakplåten.
h) Grädda bagelsna i 20-25 minuter, tills de är gyllenbruna och genomstekta.

66. Råg och fullkornsbagels

INGREDIENSER:

- 1 ½ dl brödmjöl
- ½ kopp rågmjöl
- ½ kopp fullkornsmjöl
- 1 matsked salt
- 1 msk aktiv torrjäst
- 1 matsked honung
- 1 kopp varmt vatten
- Majsmjöl för att pudra

INSTRUKTIONER:

a) Kombinera brödmjöl, rågmjöl, fullkornsmjöl, salt och jäst i en stor blandningsskål.
b) Tillsätt honung och varmt vatten och rör tills en kladdig deg bildas.
c) Knåda degen på mjölat underlag i 10-15 minuter, tills den blir slät och elastisk.
d) Lägg degen i en smord skål och täck med plastfolie. Låt den jäsa på en varm plats i 1 timme.
e) Värm ugnen till 425°F (220°C) och låt en stor kastrull med vatten koka upp.
f) Dela degen i 5 lika stora bitar och forma dem till bagels. Lägg bagelsna på en plåt beströdd med majsmjöl.
g) Koka bagelsna i 2 minuter på varje sida och överför dem sedan tillbaka till bakplåten.
h) Grädda bagelsna i 20-25 minuter, tills de är gyllenbruna och genomstekta.

67. Råg och Cheddar Bagels

INGREDIENSER:
- 2 dl brödmjöl
- 1 dl rågmjöl
- ½ kopp riven cheddarost
- 1 matsked salt
- 1 msk aktiv torrjäst
- 1 matsked honung
- 1 kopp varmt vatten
- Majsmjöl för att pudra

INSTRUKTIONER:
a) I en stor mixerskål, kombinera brödmjöl, rågmjöl, cheddarost, salt och jäst.
b) Tillsätt honung och varmt vatten och rör tills en kladdig deg bildas.
c) Knåda degen på mjölat underlag i 10-15 minuter, tills den blir slät och elastisk.
d) Lägg degen i en smord skål och täck med plastfolie.
e) Låt den jäsa på en varm plats i 1 timme.
f) Värm ugnen till 425°F (220°C) och låt en stor kastrull med vatten koka upp.
g) Dela degen i 5 lika stora bitar och forma dem till bagels. Lägg bagelsna på en plåt beströdd med majsmjöl.
h) Koka bagelsna i 2 minuter på varje sida och överför dem sedan tillbaka till bakplåten.
i) Grädda bagelsna i 20-25 minuter, tills de är gyllenbruna och genomstekta.

68.Bagels av råg och blåbär

INGREDIENSER:

- 2 dl brödmjöl
- 1 dl rågmjöl
- ½ kopp färska blåbär
- 1 matsked salt
- 1 msk aktiv torrjäst
- 1 matsked honung
- 1 kopp varmt vatten
- Majsmjöl för att pudra

INSTRUKTIONER:

a) I en stor mixerskål, kombinera brödmjöl, rågmjöl, salt och jäst.
b) Tillsätt honung och varmt vatten och rör tills en kladdig deg bildas.
c) Knåda degen på mjölat underlag i 10-15 minuter, tills den blir slät och elastisk.
d) Vänd försiktigt ner blåbären.
e) Lägg degen i en smord skål och täck med plastfolie. Låt den jäsa på en varm plats i 1 timme.
f) Värm ugnen till 425°F (220°C) och låt en stor kastrull med vatten koka upp.
g) Dela degen i 5 lika stora bitar och forma dem till bagels. Lägg bagelsna på en plåt beströdd med majsmjöl.
h) Koka bagelsna i 2 minuter på varje sida och överför dem sedan tillbaka till bakplåten.
i) Grädda bagelsna i 20-25 minuter, tills de är gyllenbruna och genomstekta.

69.Slow-Rise kummin råg bagels

INGREDIENSER:
FÖRRÄTT
- 1 kopp oblekt universal- eller brödmjöl
- 1 kopp vatten
- ½ kopp aktiv starter
- ½ kopp rågmjöl

BAGELS
- 2 dl rågmjöl
- 1 msk kornmaltsirap eller så kan du ersätta en lika stor mängd honung, melass eller farinsocker
- 2 tsk kumminfrön
- 1 tsk salt
- 1 msk bakpulver (för kokning på andra dagen)
- 1 msk farinsocker (för kokning på andra dagen)

INSTRUKTIONER:

NATTEN FÖRE:
a) På kvällen, kombinera alla ingredienserna till förrätt i en stor mixerskål, täck skålen med plastfolie och ställ den på bänken över natten.

NÄSTA MORGON:
b) I skålen som innehåller den aktiva förrätten, tillsätt alla bagelingredienser och blanda så bra du kan. Täck bunken och låt degen vila i 30 minuter (den blir lurvig och inte särskilt sammanhållen). Efter viloperioden vänder du upp degen på en mjölad arbetsyta och knådar den i 10 minuter – du kan knåda traditionellt eller göra kontinuerliga sträckningar och veck under den tilldelade tiden. Tillsätt mer rågmjöl om det behövs under knådning. (Detta kommer att bli hårt arbete!)

c) Täck degen löst med plastfolie, lämna gott om utrymme för degen att expandera och låt den stå i rumstemperatur i 8 till 12 timmar eller tills den fördubblats.

d) Vänd ut degen på en lätt mjölad arbetsyta och skär den i 16 lika stora delar. Täck över portionerna och låt dem vila i rumstemperatur i 30 minuter så degen slappnar av lite. Använd händerna och rulla varje degbit till ett 6-tums långt rep och forma sedan degen till en cirkel, nyp ihop ändarna för att göra en munkform. Lägg ut bagels med minst en tums mellanrum på en stor bakplåt klädd med en bakplåt i silikon eller en bit smord bakplåtspapper. Täck dem med plastfolie och låt dem jäsa i rumstemperatur i 1 timme. Kyl bagelsna, fortfarande täckta, över natten.

e) På morgonen, ta ut bagelsna ur kylen och låt dem vila i rumstemperatur i minst en timme eller tills de är i rumstemperatur.

f) Värm ugnen till 425°. Förbered en stor bakplåt (du kan behöva använda 2 plåtar) genom att fodra den med en bakmatta av silikon eller bakplåtspapper.

g) Fyll en stor gryta med vatten och tillsätt 1 matsked vardera bakpulver och farinsocker; blanda tills det är upplöst. Koka upp vattnet kraftigt.

h) Tillsätt bagelsna i det kokande vattnet, var noga med att inte tränga ihop dem. Koka i 20 sekunder, vänd dem och koka den andra sidan i cirka 15 sekunder. Ta bort dem med en hålslev och lägg dem på en ren kökshandduk.

i) När alla bagels har förkokats, lägg tillbaka dem på plåten och grädda dem i 20 till 30 minuter eller tills de är gyllenbruna på toppen och klara.

j) Lägg dem på galler för att svalna.

70. Pumpernickel Bagels

INGREDIENSER:
DEG
- 2 ¾ koppar oblekt brödmjöl
- 1 kopp Pumpernickelmjöl
- 2 msk Rågbrödsförbättrare
- 1 matsked icke-diastatiskt maltpulver eller 1 matsked ljust farinsocker
- 1 msk svart kakao, för mörk pumpernickelfärg
- 2 tsk salt
- 1 ¼ koppar vatten
- 2 tsk snabbjäst

VATTEN BAD
- 8 dl vatten
- 2 matskedar icke-diastatiskt maltpulver eller 2 matskedar ljust farinsocker
- 1 matsked strösocker

INSTRUKTIONER:

a) Väg ditt mjöl; eller mät den genom att försiktigt hälla den i en kopp och sedan sopa bort eventuellt överskott. Kombinera degingredienserna och blanda och knåda – för hand, mixer eller brödmaskin – tills en styv smidig deg bildas.

b) Lägg degen i en lätt smord skål. Låt den jäsa, täckt, tills den är märkbart pösig, 60 till 90 minuter.

c) Dela degen i åtta bitar. Rulla en bit i taget till en slät boll. Låt bollarna vila, täckta, i 30 minuter; de kommer att puffa lite.

d) Koka upp vattnet, maltpulvret och sockret mycket försiktigt i en vidkantad gryta. Värm ugnen till 425°F.

HUR MAN FORMAR BAGELS

e) Klipp eller stick ett hål genom mitten av varje boll. Sträck ut hålet med fingrarna tills det är 2" i diameter. Lägg bagelsna på en lätt smord eller bakplåtspappersklädd plåt.

f) Överför bagels, fyra åt gången, till det sjudande vattnet. Koka i 2 minuter på ena sidan, vänd försiktigt och koka i ytterligare en minut.

g) Ta bort bagelsna från vattnet och lägg tillbaka till bakplåten. Upprepa med de återstående bagelsna.

h) Grädda bagelsna i 25 minuter, tills de stelnat och en omedelbar termometer insatt i mitten av en registrerar minst 190°F.

i) Ta ut bagelsna från ugnen och svalna på galler.

FULVETE BAGELS

71. Basic Wheat Bagels

INGREDIENSER:
- 2½ till 3 koppar oblekt universalmjöl
- 1 kopp aktiv starter
- 1 kopp fullkornsmjöl
- 1 kopp vatten
- 3 msk farinsocker, delat
- 2 tsk salt
- 1½ tesked snabbjäst
- 1 ägg, vispat tillsammans med 2 msk vatten för att pensla på bagelsna

INSTRUKTIONER:
a) I en stor mixerskål, blanda 2½ koppar universalmjöl med förrätten, fullkornsmjöl, vatten, 2 matskedar farinsocker och salt och jäst. Vänd ut degen på en mjölad arbetsyta och knåda den i ca 5 minuter, tillsätt resterande mjöl efter behov men använd så lite som möjligt.
b) Lägg degen i en stor, smord skål och täck skålen med plastfolie. Låt degen jäsa i rumstemperatur i 30 minuter.
c) Vänd ut degen på en lätt mjölad arbetsyta och skär den i 12 lika stora delar. Använd händerna och rulla varje degbit till ett 6-tums långt rep och forma sedan degen till en cirkel, nyp ihop ändarna för att göra en munkform. Lägg ut bagelsna på en bakplåtspapper i silikon eller en bit smord bakplåtspapper. Täck bagelsna med plastfolie och låt dem jäsa i rumstemperatur i 1 timme.
d) Värm ugnen till 425°. Klä en stor bakplåt med en bakmatta av silikon eller bakplåtspapper. Ställ åt sidan för nu.
e) Fyll en stor gryta med vatten och rör ner den återstående matskeden farinsocker; koka upp vattnet kraftigt.
f) Släpp baglarna, några åt gången, i det kokande vattnet, var noga med att inte tränga ihop dem. Koka dem i cirka 20 sekunder och vänd dem sedan (använd en hålslev) för att koka den andra sidan i ytterligare 15 till 20 sekunder. Ta bort bagelsna och lägg dem på den förberedda bakplåten. Pensla toppen av bagels med äggtvätt och grädda dem i 25 minuter eller tills de fått färg på toppen. Lägg på galler för att svalna.

2. Honungssesamvetebagels

INGREDIENSER:

- 1 ½ dl varmt vatten
- 1 matsked honung
- 2 tsk aktiv torrjäst
- 3 ½ dl fullkornsmjöl
- ½ kopp universalmjöl
- 1 tsk salt
- 1 ägg, uppvispat
- 1 matsked vatten
- Sesamfrön (valfritt)

INSTRUKTIONER:

a) I en stor skål, kombinera varmt vatten, honung och jäst. Låt stå i 5 minuter tills jästen har löst sig och blandningen är skum.
b) Tillsätt fullkornsmjöl, universalmjöl och salt i skålen och blanda tills en deg bildas.
c) Knåda degen i 10 minuter tills den blir smidig och elastisk.
d) Täck skålen med en fuktig handduk och låt degen jäsa på en varm plats i 1 timme.
e) Värm ugnen till 425°F (218°C).
f) Dela degen i 12 lika stora bitar och forma till bagels.
g) Koka upp vatten i en stor gryta och tillsätt bagels, några åt gången. Koka i 1-2 minuter på varje sida.
h) Ta bort bagelsna från vattnet och lägg dem på en plåt.
i) Pensla varje bagel med den uppvispade ägg- och vattenblandningen.
j) Strö över sesamfrön (valfritt).
k) Grädda i 20-25 minuter eller tills de är gyllenbruna.

73. Soltorkade tomater och basilika bagels

INGREDIENSER:
- 1 ½ dl varmt vatten
- 1 matsked honung
- 2 tsk aktiv torrjäst
- 3 ½ dl fullkornsmjöl
- ½ kopp universalmjöl
- 1 tsk salt
- ½ dl soltorkade tomater, hackade
- ¼ kopp färsk basilika, hackad
- 1 ägg, uppvispat
- 1 matsked vatten

INSTRUKTIONER:
a) I en stor skål, kombinera varmt vatten, honung och jäst. Låt stå i 5 minuter tills jästen har löst sig och blandningen är skum.
b) Tillsätt fullkornsmjöl, universalmjöl och salt i skålen och blanda tills en deg bildas.
c) Knåda degen i 10 minuter tills den blir smidig och elastisk.
d) Blanda i soltorkade tomater och basilika.
e) Täck skålen med en fuktig handduk och låt degen jäsa på en varm plats i 1 timme.
f) Värm ugnen till 425°F (218°C).
g) Dela degen i 12 lika stora bitar och forma till bagels.
h) Koka upp vatten i en stor gryta och tillsätt bagels, några åt gången. Koka i 1-2 minuter på varje sida.
i) Ta bort bagelsna från vattnet och lägg dem på en plåt.
j) Pensla varje bagel med den uppvispade ägg- och vattenblandningen.
k) Grädda i 20-25 minuter eller tills de är gyllenbruna.

74. Allt fullkornsbagels

INGREDIENSER:
- 1 ½ dl varmt vatten
- 1 matsked honung
- 2 tsk aktiv torrjäst
- 4 dl fullkornsmjöl
- 1 tsk salt
- 1 msk vallmofrön
- 1 msk sesamfrön
- 1 msk torkad hackad lök
- 1 msk torkad finhackad vitlök
- 1 ägg, uppvispat
- 1 matsked vatten

INSTRUKTIONER:
a) I en stor skål, kombinera varmt vatten, honung och jäst. Låt stå i 5 minuter tills jästen har löst sig och blandningen är skum.
b) Tillsätt fullkornsmjöl och salt i skålen och blanda tills en deg bildas.
c) Knåda degen i 10 minuter tills den blir smidig och elastisk.
d) Blanda vallmofrön, sesamfrön, torkad hackad lök och torkad hackad vitlök i en liten skål.
e) Täck skålen med en fuktig handduk och låt degen jäsa på en varm plats i 1 timme.
f) Värm ugnen till 425°F (218°C).
g) Dela degen i 12 lika stora bitar och forma till bagels.
h) Koka upp vatten i en stor gryta och tillsätt bagels, några åt gången. Koka i 1-2 minuter på varje sida.
i) Ta bort bagelsna från vattnet och lägg dem på en plåt.
j) Pensla varje bagel med den uppvispade ägg- och vattenblandningen.
k) Strö frö- och kryddblandningen generöst över toppen av bagelsna.
l) Grädda i 20-25 minuter eller tills de är gyllenbruna.

75. Solrosfrön fullkornsbagels

INGREDIENSER:
- 3 dl fullkornsmjöl
- 1 msk aktiv torrjäst
- 2 matskedar honung
- 1 tsk salt
- 1 ¼ koppar varmt vatten
- ½ kopp solrosfrön

INSTRUKTIONER:

a) Kombinera mjöl, jäst, honung, salt och solrosfrön i en stor blandningsskål.
b) Tillsätt långsamt det varma vattnet till de torra ingredienserna och blanda tills en deg bildas.
c) Knåda degen i 10 minuter tills den blir smidig och elastisk.
d) Dela degen i 8 lika stora bitar och forma varje bit till en boll.
e) Täck degbollarna med en fuktig trasa och låt dem vila i 10 minuter.
f) Värm ugnen till 425°F (218°C).
g) Koka upp en kastrull med vatten och sänk värmen till att sjuda.
h) Använd fingret för att sticka ett hål i mitten av varje degboll och sträck ut degen till en bagelform.
i) Koka bagels i 1-2 minuter på varje sida.
j) Lägg bagelsna på en plåt klädd med bakplåtspapper och grädda i 20-25 minuter eller tills de är gyllenbruna.

76.Jalapeno Cheddar fullkornsbagels

INGREDIENSER:
- 3 dl fullkornsmjöl
- 1 msk aktiv torrjäst
- 3 matskedar honung
- 1 tsk salt
- 1 ¼ koppar varmt vatten
- ½ kopp riven cheddarost
- 2 msk tärnad jalapenopeppar

INSTRUKTIONER:
a) I en stor blandningsskål, kombinera mjöl, jäst, honung och salt.
b) Tillsätt långsamt det varma vattnet till de torra ingredienserna och blanda tills en deg bildas.
c) Knåda degen i 10 minuter tills den blir smidig och elastisk.
d) Vänd försiktigt ner cheddarost och jalapenopeppar i degen.
e) Dela degen i 8 lika stora bitar och forma varje bit till en boll.
f) Täck degbollarna med en fuktig trasa och låt dem vila i 10 minuter.
g) Värm ugnen till 425°F (218°C).
h) Koka upp en kastrull med vatten och sänk värmen till att sjuda.
i) Använd fingret för att sticka ett hål i mitten av varje degboll och sträck ut degen till en bagelform.
j) Koka bagels i 1-2 minuter på varje sida.
k) Lägg bagelsna på en plåt klädd med bakplåtspapper och grädda i 20-25 minuter eller tills de är gyllenbruna.

77.Tranbär apelsin fullkornsbagels

INGREDIENSER:

- 3 dl fullkornsmjöl
- 1 msk aktiv torrjäst
- 3 matskedar honung
- 1 tsk salt
- 1 ¼ koppar varmt vatten
- ½ kopp torkade tranbär
- Skal av 1 apelsin

INSTRUKTIONER:

a) I en stor blandningsskål, kombinera mjöl, jäst, honung, salt, torkade tranbär och apelsinskal.

b) Tillsätt långsamt det varma vattnet till de torra ingredienserna och blanda tills en deg bildas.

c) Knåda degen i 10 minuter tills den blir smidig och elastisk.

d) Dela degen i 8 lika stora bitar och forma varje bit till en boll.

e) Täck degbollarna med en fuktig trasa och låt dem vila i 10 minuter.

f) Värm ugnen till 425°F (218°C).

g) Koka upp en kastrull med vatten och sänk värmen till att sjuda.

h) Använd fingret för att sticka ett hål i mitten av varje degboll och sträck ut degen till en bagelform.

i) Koka bagels i 1-2 minuter på varje sida.

j) Lägg bagelsna på en plåt klädd med bakplåtspapper och grädda i 20-25 minuter eller tills de är gyllenbruna.

8.Morot sesam bagels

INGREDIENSER:

- 4 koppar vitt mjöl; Oblekt
- 1½ koppar fullkornsvetemjöl
- 2 förpackningar Active Dry Yeast
- 3 matskedar socker; Eller Kornmaltsirap
- 2 tsk salt
- 2 tsk mörk sesamolja
- 1 kopp mosade kokta morötter
- 1½ kopp ljummet vatten
- 1 msk majsmjöl
- 1 matsked socker
- Äggtvätt; Frivillig
- Sesamfrön; Valfritt att strö på toppen

INSTRUKTIONER:

a) I en mixerskål, rör ihop mjöl, jäst, socker (om du använder) och salt.

b) I en annan skål rör ihop kornmaltsirap (om du använder), sesamolja, morotspuré och vatten. Kombinera båda blandningarna och blanda till en hård deg.

c) På en lätt mjölad yta, knåda degen lätt till en slät boll och återgå till bunken. Täck med plast och ställ åt sidan på en varm plats i en timme för att vila. (Vid denna tidpunkt kan degen stå i kylen i flera timmar. Ställ ut den i rumstemperatur i cirka 2 timmar innan du fortsätter till steg 3.) Värm ugnen till 400F. Spraya eller pensla ett bakplåtspapper lätt med olja och strö över majsmjöl. Sätt en stor kastrull med vatten och 1 msk socker att koka upp.

d) Vänd ut degen på en lätt mjölad yta och dela den på mitten. Lägg tillbaka ena halvan i skålen och dela den andra i 6 lika stora bitar. Rulla varje bit till en slät boll. Platta till bollarna något, tryck tummarna genom mitten, placera pekfingrarna inuti och rulla till en slät, öppen bagelform. (Degen kommer att jäsa för att fylla i hålet om den inte är tillräckligt stor.) Häll 3 bagels i kokande vatten och koka försiktigt, vänd ofta, i 5 min.

e) Använd en sil eller hålslev för att ta bort bagels försiktigt. Vila skeden kort på en handduk för att ta bort överflödigt vatten och ställ bagels några centimeter från varandra, på det förberedda arket. Upprepa med de återstående 3 bagelsna.

f) Pensla bagels med äggtvätt och strö över frön, om så önskas. Grädda i ca 30 min tills de är glansiga och bruna. Upprepa med andra halvan av degen.

REGIONALA KLASSIKER

79. Brooklyn bagels

INGREDIENSER:
- 5 koppar mjöl
- 1 pack jäst
- 2 tsk salt
- 1½ koppar varmt vatten (120-130 grader)
- 2 msk honung eller socker
- 1 Äggvita
- 1 tsk vatten

INSTRUKTIONER:

a) Blanda 1 dl mjöl, jäst och salt i en skål. Rör i varmt vatten och honung; vispa tills den är slät, ca 3 minuter. Rör ner tillräckligt med resterande mjöl för att göra en mjuk deg.

b) Vänd ut på en mjölad yta; fortsätt arbeta in mjöl tills degen är styv nog att knådas. Knåda tills den är slät och elastisk. Cirka 5 minuter. Täck med en skål. Låt vila i 15 minuter.

c) Dela i 12 lika delar. Forma varje till en tillplattad boll. Stick ett hål i mitten med tummen och pekfingret. Sträck ut och rotera tills hålet förstoras till ca 1 eller 2". Täck, låt jäsa ca 20 min. Koka upp vatten i en stor grund kastrull, ca 2" djup. Sänk värmen.

d) Sjud några bagels åt gången i ca 7 minuter. Ta bort från pannan. Låt rinna av på en handduk i ca 5 minuter.

e) Lägg på en bakplåt; pensla med en blandning av äggvita och vatten.

f) Grädda i 375 grader i 30 minuter eller tills den är klar.

30. Kanadensiska bagels

INGREDIENSER:
- 4 koppar siktat mjöl
- 1 msk jäst
- 2 tsk salt
- 1½ koppar varmt kranvatten
- 1 Äggvita
- 3 matskedar kallt vatten
- Vallmo eller sesamfrön

INSTRUKTIONER:
a) Blanda 4 koppar mjöl med jäst och salt. Blanda tills jästen är jämn genomgående. Tillsätt 1½ koppar varmt vatten och knåda degen i 5 minuter med den återstående 1 koppen mjöl (om det behövs).
b) Gör till en stor boll och låt jäsa i 10 min. Dela degen i 8 bitar och stick ett litet hål och börja forma den till en bagel.
c) Låt bagelsna jäsa i 20 min. Fyll en stekpanna med 1½ till 2" vatten och låt bagels sjuda i vattnet i 7 minuter (du kan också använda en holländsk ugn för detta).
d) Överför till ett bakplåtspapper. Blanda äggvita och kallt vatten och pensla på bagels.
e) Strö över vallmo- eller sesamfrön. Grädda i en förvärmd ugn i 30 minuter på 375º.

81.Israeliska bagels

INGREDIENSER:

- 2 förpackningar torrgranulerad jäst <ELLER> 2 kakor komprimerad jäst
- 2 matskedar socker
- 1 st äggula; vispad med 1 tsk vatten
- 2½ kopp ljummet vatten
- 8 koppar mjöl; siktade
- 2 tsk salt
- Grovt salt

INSTRUKTIONER:

a) Lös upp jäst och socker i vatten. Kombinera med resterande ingredienser. Vispa väl.

b) Knåda tills den är mjuk och slät. Låt vila i 10 minuter men låt inte jäsa.

c) Forma till bagels genom att nypa bort degbitar. Rulla varje bit till ett rep ½ tum tjockt och 6 tum långt. Fäst ändar.

d) Lägg på en smord plåt, pensla med äggula-vattenblandningen och strö över grovt salt.

e) Grädda i en förvärmd 425 F ugn i cirka 20 minuter tills de är gyllenbruna.

82. Bagels i New York-stil

INGREDIENSER:
- 1 potatis, skalad och tärnad
- 2 koppar kokande vatten
- 1 Paket aktiv torrjäst
- 4 koppar universalmjöl
- ½ msk salt
- 1½ msk socker
- ¼ kopp vegetabilisk olja
- 2 stora ägg
- Majsmjöl för att pudra av kakan
- 2 liter vatten
- 1 äggvita (valfritt)

INSTRUKTIONER:

a) Lägg potatisen i kokande vatten och koka i 15 minuter. Kasta potatisen och låt vattnet svalna till cirka 110 grader F.

b) Överför ⅓ kopp av potatisvattnet till en liten skål. Strö jäst över vattnet och rör om. Ställ åt sidan i 3 minuter.

c) Sikta mjöl, salt och ½ msk socker tillsammans i en stor skål. Tillsätt jästblandningen. Rör i ytterligare en ⅔ kopp av potatisvattnet och oljan. Tillsätt äggen ett i taget och rör om snabbt tills det bildas en degboll.

d) Vänd ut degen på en mjölad yta och knåda i cirka tio minuter tills en degboll är fast, tillsätt lite extra mjöl om det behövs.

e) Lägg i en smord skål, vänd degen så att alla sidor är smorda.

f) Täck skålen med en ren handduk och ställ åt sidan på en varm plats i ca 1 timme tills degen har jäst till dubbelt sin ursprungliga storlek.

g) Stansa ner den jästa degen för att platta till och ta ut den från bunken.

h) Skär degen i 18 lika stora bitar och forma varje bit till ett 6 till 7 tum långt, ¾ tum tjockt rep. För ihop ändarna av ett rep och nyp stängt. (Litt vatten på ändarna hjälper till att säkra dem.)

i) Upprepa tills 18 ringar bildats. Täck alla ringar med handduken och låt jäsa i 20 minuter.

j) Värm ugnen till 450 grader F. Smörj lätt en plåt och pudra den med majsmjöl.

k) Koka upp 2 liter vatten. Tillsätt den återstående matskeden socker i det kokande vattnet. Släpp baglarna i vattnet en i taget, koka var och en i 3 minuter, vänd en gång. När varje bagel tas bort från vattnet, lägg den på plåten.

l) Om så önskas, måla topparna på bagels med 1 äggvita som har vispats med 1 tsk vatten.

m) Grädda i 12 till 15 minuter, tills de är gyllenbruna.

83. bagels i Texas-stil

INGREDIENSER:
- 4 dl brödmjöl
- 1 ½ tsk salt
- 1 matsked strösocker
- 2 tsk aktiv torrjäst
- 1 ½ dl varmt vatten
- ¼ kopp gult majsmjöl
- 2 msk chilipulver
- 1 matsked paprika
- 1 msk vitlökspulver
- 1 msk lökpulver

INSTRUKTIONER:
a) Kombinera brödmjöl, salt, socker och aktiv torrjäst i en stor blandningsskål.
b) I en separat skål, vispa ihop det varma vattnet, majsmjöl, chilipulver, paprika, vitlökspulver och lökpulver tills det är slätt.
c) Tillsätt de våta ingredienserna till de torra ingredienserna och rör tills en deg bildas.
d) Knåda degen på mjölat underlag i 10-15 minuter, tills den blir slät och elastisk.
e) Lägg degen i en lätt oljad bunke, täck den med plastfolie och låt den jäsa på ett varmt, dragfritt ställe i ca 1 timme, eller tills den har dubbelt så stor storlek.
f) Värm ugnen till 425°F (220°C).
g) Dela degen i 12 lika stora bitar och rulla varje bit till en boll.
h) Använd fingrarna för att sticka ett hål i mitten av varje boll och sträck ut degen till en bagelform.
i) Lägg bagelsna på en lätt smord plåt och låt dem jäsa i ytterligare 15-20 minuter.
j) Koka upp en stor kastrull med vatten och tillsätt bagels, en i taget, koka varje sida i 30 sekunder.
k) Ta bort bagelsna från vattnet och lägg tillbaka dem på bakplåten.
l) Grädda bagelsna i 20-25 minuter, tills de är gyllenbruna och genomstekta.
m) Servera varm med färskost eller smör och njut av dina läckra bagels i Texas-stil!

84. Bagel i London-stil

INGREDIENSER:
- 4 dl brödmjöl
- 1 ½ tsk salt
- 2 tsk snabbjäst
- 1 ½ msk strösocker
- 1 ¼ koppar varmt vatten
- 1 äggvita
- 1 matsked vatten
- Majsmjöl för att pudra

INSTRUKTIONER:
a) I en stor bunke, vispa ihop mjöl, salt, snabbjäst och socker.
b) Tillsätt det varma vattnet och blanda tills en deg bildas.
c) Knåda degen på mjölad yta i 10-12 minuter.
d) Dela degen i 12-15 lika stora delar och forma varje del till en boll.
e) Låt degbollarna vila i 10-15 minuter.
f) Värm ugnen till 425°F (218°C).
g) Klä en plåt med bakplåtspapper och strö majsmjöl ovanpå.
h) Använd tummen och stick ett hål i mitten av varje degboll och sträck ut den till en bagelform.
i) Lägg bagelsna på den förberedda bakplåten.
j) Vispa ihop äggvitan och vattnet i en liten skål. Pensla blandningen på bagelsna.
k) Grädda bagelsna i 20-25 minuter eller tills de är gyllenbruna.

85. Bagel i fransk stil

INGREDIENSER:

- 3½ dl brödmjöl
- 1 matsked salt
- 1 matsked socker
- 2 tsk snabbjäst
- 1 kopp varmt vatten
- 1 äggvita
- 1 matsked vatten
- Grovt havssalt till topping

INSTRUKTIONER:

a) Vispa ihop mjöl, salt, socker och snabbjäst i en stor bunke.
b) Tillsätt det varma vattnet och blanda tills en deg bildas.
c) Knåda degen på mjölad yta i 10-12 minuter.
d) Dela degen i 8-10 lika delar och forma varje del till en boll.
e) Låt degbollarna vila i 10-15 minuter.
f) Värm ugnen till 425°F (218°C).
g) Använd tummen och stick ett hål i mitten av varje degboll och sträck ut den till en bagelform.
h) Vispa ihop äggvitan och vattnet i en liten skål. Pensla blandningen på bagelsna.
i) Strö grovt havssalt ovanpå bagelsna.
j) Lägg bagelsna på en plåt klädd med bakplåtspapper.
k) Grädda bagelsna i 20-25 minuter eller tills de är gyllenbruna.

86. Bagel i mexikansk stil

INGREDIENSER:
- 3 koppar universalmjöl
- 1 matsked salt
- 2 tsk snabbjäst
- 1 ¼ koppar varmt vatten
- 1 ägg
- 1 matsked vatten
- ¼ kopp hackad jalapeños
- ¼ kopp riven cheddarost
- ¼ kopp hackad koriander

INSTRUKTIONER:
a) I en stor bunke, vispa ihop mjöl, salt och snabbjäst.
b) Tillsätt det varma vattnet och blanda tills en deg bildas.
c) Knåda degen på mjölad yta i 10-12 minuter.
d) Vispa ihop ägget och vattnet i en separat skål.
e) Tillsätt jalapeños, cheddarost och koriander till äggblandningen och rör om tills det blandas.
f) Dela degen i 8-10 lika delar och forma varje del till en boll.
g) Låt degbollarna vila i 10-15 minuter.
h) Värm ugnen till 425°F (218°C).
i) Använd tummen och stick ett hål i mitten av varje degboll och sträck ut den till en bagelform.
j) Pensla äggblandningen på bagelsna.
k) Lägg bagelsna på en plåt klädd med bakplåtspapper.
l) Grädda bagelsna i 20-25 minuter eller tills de är gyllenbruna.

87. Bagel i japansk stil

INGREDIENSER:
- 3 dl brödmjöl
- 2 matskedar socker
- 1 tsk salt
- 1 ½ tsk snabbjäst
- ½ kopp varmt vatten
- ½ kopp mjölk
- 2 matskedar vegetabilisk olja
- 1 äggula
- Svarta sesamfrön till topping

INSTRUKTIONER:
a) Vispa ihop mjöl, socker, salt och snabbjäst i en stor bunke.
b) Tillsätt det varma vattnet, mjölken, vegetabilisk olja och äggulan och blanda tills en deg bildas.
c) Knåda degen på mjölad yta i 10-12 minuter.
d) Dela degen i 8-10 lika delar och forma varje del till en boll.
e) Låt degbollarna vila i 10-15 minuter.
f) Värm ugnen till 375°F (190°C).
g) Använd tummen och stick ett hål i mitten av varje degboll och sträck ut den till en bagelform.
h) Lägg bagelsna på en plåt klädd med bakplåtspapper.
i) Pensla toppen av bagels med vatten och strö svarta sesamfrön ovanpå.
j) Grädda bagelsna i 20-25 minuter eller tills de är gyllenbruna.

BAGEL SMÖRGÅR

38.Avokado bagelsmörgås

INGREDIENSER:
- Färskost
- ¼ kopp kokosgrädde
- 2 msk citronsaft
- 1 kopp råa cashewnötter, blötlagda
- 1 tsk lökpulver
- 2 tsk vit vinäger
- 3 salladslökar, hackade
- ¼ tesked salt
- Bagel smörgås
- 1 växtbaserad bagel
- ⅓ avokado, skalad, urkärnad och mosad
- ⅓ medelstor gurka skalad och skivad
- 2 msk mejerifri färskost med salladslök
- ¼ kopp rå spenat

INSTRUKTIONER:

a) Om du inte blötlägg dina cashewnötter direkt, ge dem en omedelbar blötläggning genom att lägga dem i en kastrull med kokande vatten, stäng av värmen och blötlägg dem i 30 minuter.

b) Tvätta cashewnötterna noggrant och låt rinna av.

c) Blanda cashewnötter, kokosgrädde, vit vinäger, citronsaft, salt, lökpulver och salladslök i en matberedare.

d) Bearbeta i minst 30 sekunder och rör om blandningen i 1 till 3 minuter, eller tills den är slät.

e) Rosta bageln och applicera den mejerifria färskosten på båda sidor.

f) Lagra gurkorna över ena sidan och toppa sedan med den mosade avokadon.

g) Lägg spenaten ovanpå avokadon, följt av den andra halvan av bageln.

89. Rökt kalkon bagelsmörgås

INGREDIENSER:
- 2 skivor rökt kalkonbröst
- 2 skivor tomat eller grön paprika ringar
- 1 skiva cheddarost
- 1 smaksatt bagel
- Cut-rite vaxpapper

INSTRUKTIONER:
a) Varva kalkonbröst, tomat eller grönpeppar och ost på den nedre halvan av bageln.
b) Lägg toppen på en bagel och skär smörgåsen på mitten.
c) Placera smörgåshalvorna i mitten av ett ark vaxpapper.
d) För att slå in, för ihop motsatta sidor av vaxpapper och vik ner i täta veck. Vik ändarna av vaxpappret under smörgåsen.
e) För att värma, mikrovågsugn på HÖG tills smörgåsen är varm, 30 sekunder till 1 minut.

90. Frukost Bagel med kryddiga microgreens

INGREDIENSER:
- Ett färsk Bagel
- A sprida av mikrogrönt pesto
- A få delikatessbutik skivor av Kalkon, skinka, kyckling
- A handfull av kryddig mix microgreens
- A par av skivor av ost
- A få bitar av Sallad

ÖVRIG TOPPINGS:
- Avokado
- Röd Lök
- Tomat

INSTRUKTIONER:
a) Skaffa sig din bagel ut, skiva Det i halv, och rostat bröd Det. Låta Det Häftigt ner.
b) Skaffa sig ut din sprida av val och plats Det på både sidor av de bagel.
c) Sätta din vegan delikatessbutik kött på de botten.
d) Lager några mikrogröna.
e) Balans din vegan ost på topp av detta.
f) Nästa kommer som mycket sallad som allvar tillåter.
g) Sedan keps Det av med de topp av de bagel och njut av!

91.Snabb bagel omelettsmörgås

INGREDIENSER:
- ¼ kopp finhackad lök
- 1 msk smör
- 4 ägg
- ¼ kopp hackad tomat
- ⅛ tesked salt
- ⅛ tesked varm pepparsås
- 4 skivor Jones Canadian Bacon
- 4 enkla bagels, delade
- 4 skivor smält amerikansk ost

INSTRUKTIONER:

a) Fräs löken i en stor stekpanna med smör tills den är mjuk. Blanda pepparsås, salt, tomat och ägg. Överför äggblandningen till stekpannan. (Blandningen bör sättas i kanterna omedelbart.)

b) Medan äggen stelnas, låt den okokta delen rinna under genom att trycka de kokta kanterna mot mitten. Koka tills äggen stelnat. Under tiden, mikrovågsugn bacon och om så önskas, rosta bagels.

c) Varva ost över bagelbottnar. Skiva omeletten i fjärdedelar.

d) Servera med bacon på bagels.

92. Mini-bagelbar med rökt lax

INGREDIENSER:

- ¼ kopp ⅓-mindre fet färskost, vid rumstemperatur
- 1 salladslök, tunt skivad
- 1 msk hackad färsk dill
- 1 tsk rivet citronskal
- ¼ tesked vitlökspulver
- 4 fullkorns mini bagels
- 8 uns rökt lax
- ½ kopp tunt skivad engelsk gurka
- ½ kopp tunt skivad rödlök
- 2 plommontomater, tunt skivade
- 4 tsk kapris, avrunnen och sköljd

INSTRUKTIONER:

a) I en liten skål, kombinera färskost, salladslök, dill, citronskal och vitlökspulver.

b) Lägg ostblandningen, bagels, lax, gurka, lök, tomater och kapris i måltidsförberedande behållare och tillsätt citronklyftor, om så önskas. Dessa håller sig i kylen i upp till 2 dagar.

93. Black Forest Bagel

INGREDIENSER:
- 1 allt bagel
- 2 msk färskost
- ½ kopp urkärnade och hackade mörka körsbär
- ¼ kopp mini chokladchips

INSTRUKTIONER:
a) Rosta allt bagel efter eget tycke.
b) Bred färskost på bageln och toppa med hackade körsbär och minichokladchips.

94.Räktoppad bagel

INGREDIENSER:
- 2 salladslökar
- 4 uns kan små räkor
- ¼ kopp gräddfil
- 2 tsk citronsaft
- ¼ tesked Worcestershiresås
- ¾ kopp strimlad cheddar
- 10 mini bagels, delade och rostade

INSTRUKTIONER:

a) Skiva lök, reservera skivade gröna toppar. Kombinera räkor, gräddfil, vitlökskivor, citronsaft, Worcestershire och ½ c. ost.

b) Bred ut en rundad tesked räkblandning på den skurna sidan av varje bagel.

c) Strö över resten av osten. Lägg bagels på en lätt smord plåt. Grädda utan lock i en 400-graders ugn i 5-10 minuter, eller tills den är genomvärmd. Toppa med salladslök.

95. Pösigt krabbakött och ägg på bagels

INGREDIENSER:
- Nonstick matlagningsspray
- ½ tsk smör
- 2½ matskedar Hackad salladslök
- 1 msk finhackad grön paprika
- 1½ msk hackad tomat
- 1 burk Krabbkött (6 uns), avrunnen
- 1 Bagel
- 1 Äggvita
- ½ kopp fettfri äggersättning (motsvarande 2 ägg)
- Salt och peppar

INSTRUKTIONER:
a) Spraya en liten stekpanna med nonstick-spray. Tillsätt smör och smält på medelvärme.
b) Tillsätt 2 msk grön lök, paprika och 1 msk tomat, fräs sedan tills den är mjuk, 2 till 3 minuter.
c) Tillsätt krabbakött och fräs tills det är genomvärmt, cirka 1 minut. Dela bageln på mitten och börja rosta den.
d) Vispa äggvitan hårt men inte torr. Vik äggersättningen i uppvispad äggvita tills den blandas.
e) Krydda lätt med salt och peppar efter smak. Häll äggblandningen över krabbablandningen i pannan.
f) Koka och rör om som för äggröra, rör försiktigt tills ägget stelnat.
g) Ta bort bageln från brödrosten och skeda ägg över bagelhalvorna.
h) Strö över återstående ½ tsk hackad tomat och salladslök för att garnera.

96. Avokado och Bacon Bagel

INGREDIENSER:
- 1 vanlig bagel
- 2 skivor bacon, kokta och hackade
- 1 avokado, mosad
- ¼ kopp hackad färsk koriander
- 1 msk limejuice
- Salta och peppra, efter smak

INSTRUKTIONER:
a) Värm ugnen till 350°F (175°C).
b) Dela bageln på mitten och urholka mitten av varje halva, lämna en tjock kant runt kanterna.
c) Blanda den mosade avokadon, hackad koriander, limejuice, salt och peppar i en liten skål tills det är väl blandat.
d) Fördela avokadoblandningen jämnt i de urholkade bagelhalvorna.
e) Strö det hackade baconet ovanpå avokadon.
f) Lägg de fyllda bagelhalvorna på en plåt och grädda i den förvärmda ugnen i 10-12 minuter eller tills de är genomvärmda.

VÄLDA BAGELS

97. Tilapia och kaféfyllning

INGREDIENSER:
- 2 bagels, skurna i små bitar
- 1 scones, delad i bitar
- 1 croissant, delad i bitar
- ¼ liten rödlök, grovt hackad
- 1 medelstor apelsin, skuren i bitar
- 4 stora ägg
- Salt och nymalen svartpeppar
- 2 pund tilapia
- 1 citron, i fjärdedelar

INSTRUKTIONER:

a) Pulsera bagelbitarna, sconesbitarna, croissantbitarna, lök, apelsinbitar, ägg och salt och peppar i en matberedares skål i 10 till 15 sekunder, eller tills ingredienserna precis har blandats ordentligt men inte puréer. Du kan behöva göra detta i två eller tre omgångar. Lägg undan fyllningen i en skål.

b) Lägg ut de fyra separata foliebitarna. Lägg en bit tilapia på varje och häll ett ½-tums tjockt lager av fyllningen över varje filé (du kommer att använda cirka ½ kopp vardera). Pressa en fjärdedel citron över var och en av dem. Du kan ha överbliven fyllning, som kan frysas för annan användning.

c) Nyp ihop folien i toppen. Lägg foliepaketen på grillen på hög värme. Koka i ca 10 minuter. Du kan behöva kontrollera om fyllningen är ordentligt uppvärmd; Om inte, gå tillbaka till grillen (och vänd försiktigt på den) i ytterligare 4 till 5 minuter.

d) Ta bort från grillen och låt gästerna öppna paketen och ta bort innehållet själva för en festligare presentation.

98. Korv och ägg fylld bagel

INGREDIENSER:
- 1 vanlig bagel
- 2 frukostkorvar
- 2 ägg
- ¼ kopp strimlad cheddarost
- Salta och peppra, efter smak

INSTRUKTIONER:

a) Värm ugnen till 350°F (175°C).

b) Koka korvarna i en stekpanna på medelvärme tills de fått färg och genomstekt. Ta bort från pannan och ställ åt sidan.

c) Knäck äggen i samma stekpanna och koka tills vitan stelnat och äggulorna fortfarande är rinnande. Krydda med salt och peppar.

d) Dela bageln på mitten och urholka mitten av varje halva, lämna en tjock kant runt kanterna.

e) Lägg en korv i varje bagelhalva och toppa med det kokta ägget.

f) Strö den strimlade cheddarosten ovanpå ägget.

g) Lägg de fyllda bagelhalvorna på en plåt och grädda i den förvärmda ugnen i 10-12 minuter eller tills osten har smält.

99.Pizzafyllda bagelbomber

INGREDIENSER:
- 1 burk (8 uns) kyld halvmånerulldeg
- 4 mini-pepperoniskivor
- 4 små tärningar mozzarellaost
- 1 tsk italiensk krydda
- 1 msk riven parmesanost
- ½ kopp marinarasås uppvärmd

INSTRUKTIONER:
a) Värm ugnen till 375°F (190°C).
b) Kavla ut halvmånerulldegen och skär den i 4 lika stora rutor.
c) Lägg en pepperoniskiva och en tärning mozzarellaost i mitten av varje ruta.
d) Vik upp degens hörn runt fyllningen, forma en boll.
e) Strö de fyllda bollarna med italiensk krydda och riven parmesanost.
f) Lägg de fyllda bollarna på en plåt och grädda i den förvärmda ugnen i 12-15 minuter eller tills de är gyllenbruna.
g) Servera de pizzafyllda bagelbomberna med uppvärmd marinarasås till doppning.

100.Bacon- och äggfyllda bagelbomber

INGREDIENSER:
- 1 burk (8 ounces) kyld kexdeg
- 4 skivor bacon, kokta och smulade
- 4 stora ägg
- ¼ kopp strimlad cheddarost
- Salta och peppra, efter smak

INSTRUKTIONER:
a) Värm ugnen till 375°F (190°C).
b) Kavla ut kexdegen och skär den i 4 lika stora rutor.
c) Lägg en skiva smulad bacon i mitten av varje ruta.
d) Knäck ett ägg ovanpå baconet i varje ruta.
e) Strö den strimlade cheddarosten, salt och peppar ovanpå varje ägg.
f) Vik upp degens hörn runt fyllningen, forma en boll.
g) Lägg de fyllda bollarna på en plåt och grädda i den förvärmda ugnen i 15-18 minuter eller tills kexen är gyllenbruna och äggen stelnat.
h) Servera de bacon- och äggfyllda bagelbomberna varma.

SLUTSATS

Vi hoppas att du har gillat denna bagelkokbok och har upptäckt några nya och spännande recept att prova i ditt kök. Med de tips och tekniker som tillhandahålls kan det vara en rolig och givande upplevelse att göra hemgjorda bagels. Oavsett om du njuter av en vanlig bagel med färskost till frukost eller en smörgås på en nybakad bagel till lunch, går det inte att förneka den tillfredsställelse som kommer med att skapa något gott från grunden. Så, gå vidare och baka några fantastiska bagels, och glöm inte att dela dem med dina vänner och familj!

www.ingramcontent.com/pod-product-compliance
Lightning Source LLC
Chambersburg PA
CBHW071320110526
44591CB00010B/957